FRANCESCO GIOIA

Paolo di Tarso
negli affreschi della sua Basilica

Paul of Tarsus
in the frescoes of his Basilica

Paul de Tarse
sur les fresques de sa Basilique

Paulus von Tarsus
in den Fresken seiner Basilika

Pablo de Tarso
en los frescos de su Basilica

Libreria Editrice Vaticana

© Copyright 2003
Pontificia Amministrazione
della Patriarcale Basilica di S. Paolo - Roma

ISBN 88-209-46254

Copertina, cover, couverture, Titelblatt, cubierta
Pietro Gagliardi: Conversione di S. Paolo, Conversion of Paul, Conversion de Paul, Bekehrung des Paulus, Conversión de Pablo
Basilica di S. Paolo fuori le mura - Roma

In 4ª di copertina, back cover, 4ᶜ de couverture, Einbandrückseite, contra cubierta
Stemma di S. Paolo, Arms of St. Paul, Armoiries de Saint-Paul, Wappen des Hl. Paulus, Escudo de S. Pablo
Basilica di S. Paolo fuori le mura - Roma

Progetto grafico e stampa, graphic layout and printing, projet graphique et imprimerie, Layout Graphik und Druck, imprenta y gràfica
Grafiche Grilli srl – Foggia

Foto, photograph, photographies, Fotografien, fotos
www.studiorifrazioni.it
Franco Marzi - Roma

Presentazione

I momenti più salienti della vita dell'apostolo Paolo sono mirabilmente raffigurati in 36 affreschi nella patriarcale basilica di S. Paolo fuori le mura in Roma. Gli episodi, disposti in ordine cronologico e sintetizzati nelle rispettive frasi in latino poste sopra gli affreschi, iniziano dal transetto, nel primo interpilastro alla destra dell'abside, proseguono nella navata centrale e terminano nella parte sinistra del transetto. Tale ciclo pittorico, voluto da Pio IX nel 1857 in sostituzione del noto ciclo di Pietro Cavallini (1240-1325) andato distrutto durante l'incendio della basilica del 1823, fu eseguito in solo tre anni da ventidue artisti[1].

Ciascun episodio delle 36 storie riprodotte in questo volume è accompagnato dal relativo testo tramandatoci da Luca negli Atti degli Apostoli, al quale i pittori si sono ispirati, ad eccezione per le ultime quattro scene attinte ad altre fonti, che vengono ugualmente segnalate.

Il racconto degli episodi, che riportiamo in cinque lingue, e le immagini in cui è stato cristallizzato sono sufficienti per intravedere alcuni aspetti della personalità di Paolo di Tarso: la sua disponibilità a lasciarsi condurre da Dio, il suo zelo apostolico, il suo coraggio nell'affrontare le molteplici difficoltà per annunziare il Vangelo, i successi e gli insuccessi dei suoi viaggi missionari, l'amore incondizionato per Gesù Cristo testimoniato con il martirio.

All'uomo di oggi, figlio della civiltà delle immagini, sempre a corto di tempo e così restio a leggere libri che aiutano a capire il significato della propria esistenza e della propria fede, occorre offrire la lettura della storia della salvezza attraverso l'immagine, così come avveniva nei secoli prima dell'invenzione della stampa, quando anonimi maestri, al tempo stesso artisti e teologi, stendevano affreschi e mosaici sulle pareti delle chiese di Aquileia, Milano, Ravenna, Nola, Costantinopoli, Salonicco, sul Monte Sinai; quando Giotto narrava la vita di San Francesco e Michelangelo spiegava la Bibbia negli affreschi, rispettivamente, della basilica di Assisi e della Cappella sistina. Con ragione le stupende raffigurazioni artistiche medievali dei misteri della fede sono state chiamate *Biblia pauperum*, la "Bibbia dei poveri", perché in esse anche le persone che non erano istruite potevano "leggere", contemplare e meditare le varie tappe della storia della salvezza.

Gli antichi Padri della Chiesa hanno evidenziato l'importanza dell'immagine sia per illustrare le verità della fede che per additare il comportamento esemplare dei Santi. San Gregorio di Nissa (335-394) afferma che "la muta pittura parla dai muri"[2]. San Gregorio Magno (540-604) ne sottolinea l'incidenza pedagogica e spirituale: "Ciò che per i lettori è la scrittura, lo è l'immagine per gli occhi di coloro che non sono istruiti, perché in essa persino gli ignoranti vedono ciò che devono imitare, in essa leggono anche coloro che non sanno leggere"[3].

Lo stesso pensiero è espresso da San Giovanni Damasceno (675-754): "Ciò che la Bibbia è per la persona istruita, l'immagine lo è per gli analfabeti, e ciò che la parola è per l'udito, l'immagine lo è per la vista"[4]. Parlando dei Santi, dice: "Di questi io faccio in modo che siano dipinte le nobili azioni e le sofferenze, poiché per mezzo di esse io sono condotto alla santità e sono spinto all'ardente desiderio di imitarli"[5]. Ed ancora: "La bellezza e il colore delle immagini sono uno stimolo per la mia preghiera e una festa per i miei occhi, così come lo spettacolo della campagna sprona il mio cuore a rendere gloria a Dio"[6]. San Niceforo (758-829) conclude che "la vista conduce alla fede più che l'udito"[7].

In questo contesto va inserita la presente pubblicazione, il cui scopo principale è quello di offrire a chi nel suo cammino incontra l'apostolo Paolo un aiuto per tradurre in pratica la sua esortazione: "Ciò che avete imparato, ricevuto, ascoltato e veduto in me, è quello che dovete fare" (Fil 4,9).

Roma, 25 gennaio 2003
Conversione di S. Paolo

+Francesco Gioia, *Arcivescovo*
Amministratore Pontificio
della Patriarcale Basilica di S. Paolo

Presentation

The most important moments in the life of the Apostle Paul are superbly portrayed in thirty-six frescoes in the Patriarchal Basilica of Saint Paul Outside the Walls in Rome. The episodes, arranged in chronological order and identified with a Latin verse above, begin in the transept, between the first two pilasters to the right of the apse, continue in the central nave and end in the left transept. This series of paintings, called for by Pius IX in 1857 to substitute for the well-known series of Pietro Cavallini (1240-1325) destroyed in the fire which ravaged the Basilica in 1823, was realized by twenty-two artists in only three years[1].

Each of the thirty-six episodes reproduced in this volume is accompanied by the corresponding text handed down to us by Luke in the Acts of the Apostles, the primary source of inspiration for the painters. The last four scenes, however, come from other sources which are equally important.

The citations for each episode, reproduced in five languages, and the accompanying illustrations sufficiently provide a glimpse into the personality of Paul of Tarsus: his willingness to allow himself to be guided by God, his apostolic zeal, his courage amid many difficulties in preaching the Gospel, his successes and failures in his missionary journeys and his unconditional love for Jesus Christ as seen in his martyrdom.

To people of today, immersed in a culture of images, having little time and reluctant to read books to come to an understanding of the meaning of one's existence and one's faith, the reading of salvation history is provided through pictures, as was the case in the centuries before the invention of printing, when anonymous masters, who were artists and theologians at one and the same time, covered the walls of the Churches of Aquileia, Milan, Ravenna, Nola, Constantinople, Salonika and Mount Sinai with frescoes and mosaics, in much the same way that Giotto narrated the life of Saint Francis in the frescoes of the Basilica in Assisi and Michelangelo explained the Bible in those of the Sistine Chapel. With reason, then, were the superb artistic representations of the Middle Ages of the mysteries of the faith called the *Biblia pauperum*, "The Bible of the poor", because through them the illiterate could "read", contemplate and meditate on the various stages of salvation history.

The Ancient Fathers of the Church emphasized the importance of images to both illustrate the truths of the faith and demonstrate the exemplary character of the Saints' lives. Saint Gregory of Nyssa (335-394) states that "the walls speak through pictures"[2]. Saint Gregory the Great (540-604) highlights their pedagogical and spiritual value: "What a text is for those who read, the image is for the eyes of those who are uninstructed. In this way, even the unlearned see what they ought to imitate and those without ability are able to read"[3].

The same thought is expressed by Saint John Damascene (675-754): "What the Bible is for the learned, images are for the unlearned; and what words are to hearing, images are to sight"[4]. Referring to the Saints, he says: "I make mention of these persons in such a manner as to paint pictures of their noble actions and sufferings, so that through them I am lead to holiness and I am spurred on to an ardent desire to imitate them"[5]. And again: "The beauty and color of images moves me to prayer and provides a feast for my eyes, just as viewing nature urges my heart to render glory to God"[6]. Saint Nicephorus (758-829) concludes that "sight more than hearing leads a person to faith"[7].

With this in mind, this present publication is principally intended to offer wayfarers an encounter with the Apostle Paul and assist them to put into practice his urgent appeal: "What you have learned and received and listened and seen in me, do" (Phil 4:9).

Rome, 25 January 2003
The Conversion of Saint Paul

+Francesco Gioia, *Archbishop*
Pontifical Administrator
of The Patriarchal Basilica of Saint Paul

Présentation

■ ■ Les temps forts de la vie de l'apôtre Paul sont admirablement repré-
sentés au long des 36 fresques de la basilique patriarcale Saint-Paul-
hors-les-Murs, à Rome. Les épisodes, disposés en ordre chronologique, et
synthétisés dans les phrases respectives en latin, situées au-dessus des fresques
débutent dans le transept, sur le premier inter-pilier à droite de l'abside, pour
poursuivre dans la nef centrale et s'achever dans la partie gauche du transept.
Ce cycle pictural, voulu par Pie IX en 1857 pour remplacer les célèbres peintures de Pietro Cavallini (1240-1325) détruites dans l'incendie de la basilique
en 1823, fut exécuté en l'espace de trois ans par vingt-deux artistes[1].

Chaque épisode des 36 scènes reproduites dans cet ouvrage est accompagné
du texte que nous a transmis Luc dans les Actes des Apôtres et dont les peintres se sont inspirés, à l'exception des quatre dernières scènes, puisées dans d'autres sources, qui sont pareillement décrites.

Le récit des épisodes que nous rapportons, en cinq langues, et les images qui
les illustrent, suffisent à nous faire entrevoir certains aspects de la personnalité
de Paul de Tarse : sa disponibilité à se laisser conduire par Dieu, son zèle
apostolique, son courage pour affronter les multiples difficultés de l'annonce
de l'Evangile, les succès et les échecs de ses voyages missionnaires, l'amour
inconditionnel de Jésus-Christ dont il témoigne jusqu'au martyre.

A l'homme d'aujourd'hui, fils de la civilisation des images, toujours pressé
et si réticent à lire des livres l'aidant à comprendre le sens de son existence et
de sa foi, il faut offrir la lecture de l'histoire du salut à travers l'image, comme
cela se faisait jadis, au cours des siècles qui précédèrent l'invention de l'imprimerie. A cette époque, des maîtres anonymes, à la fois artistes et théologiens,
recouvraient de fresques et de mosaïques les murs des églises d'Aquilée, de
Milan, de Ravenne, de Nola, de Constantinople, de Salonique, sur le Mont
Sinaï ; et Giotto racontait la vie de saint François, tandis que Michel-Ange
expliquait la Bible à travers les fresques, respectivement, de la basilique d'Assise
et de la chapelle Sixtine. A juste titre, les superbes représentations artistiques
médiévales des mystères de la foi ont été appelées *Biblia pauperum*, la "Bible
des pauvres", car grâce à elle même les gens qui n'étaient pas instruits pouvaient

"lire", contempler et méditer les différentes étapes de l'histoire du salut.

Les Pères de l'Eglise d'antan ont mis en évidence l'importance de l'image, tant pour illustrer les vérités de la foi que pour faire miroiter le comportement exemplaire des saints. Saint Grégoire de Nysse (335-394) affirme que la "peinture muette parle du haut des murs". Saint Grégoire le Grand (540-604) souligne son incidence pédagogique et spirituelle : "Ce que l'écriture est aux lecteurs, l'image l'est aux yeux de ceux qui ne sont pas instruits, car grâce à elle même les ignorants voient ce qu'ils doivent imiter, et en elle lisent même ceux qui ne savent pas lire"[3].

Nous retrouvons cette même pensée chez saint Jean Damascène (675-754): "Ce que la Bible est à la personne instruite, l'image l'est aux analphabètes, et ce que la parole est à l'ouïe, l'image l'est à la vue"[4]. Parlant des saints, il affirme: "Je fais en sorte que leurs nobles actions et leurs souffrances soient peintes, car grâce à elles je suis conduit à la sainteté et je suis poussé par l'ardent désir de les imiter"[5]. Et encore : "La beauté et la couleur des images stimulent ma prière et constituent une fête pour mes yeux, comme le spectacle de la campagne incite mon cœur à rendre gloire à Dieu"[6]. Saint Nicéphore (758-829) conclut que "la vue conduit à la foi plus que l'ouïe"[7].

C'est dans ce contexte que s'insère cette publication, dont le but principal est d'aider celui qui croise l'apôtre Paul sur son chemin à mettre en pratique son exhortation : "Ce que vous avez appris, reçu, entendu de moi et constaté en moi, voilà ce que vous devez pratiquer"(Ph 4, 9).

Rome, 25 janvier 2003
Conversion de Saint Paul

+ Francesco Gioia, *Archevêque*
Administrateur Pontifical de la Basilique
Patriarcale Saint-Paul

Präsentation

Die wichtigsten Momente im Lebens des Apostels Paulus sind in 36 Fresken in der Patriarchalbasilika St. Paul vor den Mauern in Rom bewundernswert dargestellt. Die Episoden, die in chronologischer Folge geordnet und in den lateinischen Zitaten oberhalb der Fresken zusammengefaßt sind, beginnen im Transept, im ersten Zwischenpilaster rechts von der Apsis, gehen im Mittelschiff weiter und in der linken Seite des Transepts zu Ende. Dieser Gemäldezyklus, den Pius IX. 1857 als Ersatz für den bekannten Zyklus von Pietro Cavallini (1240-1325) gewollt hatte, der während des Brands der Basilika im Jahr 1823 verloren gegangen war, wurde in nur drei Jahren von 22 Künstlern ausgeführt[1].

Jede Episode der 36 wiedergegebenen Geschichten in diesem Band wird vom Text begleitet, der uns durch Lukas in der Apostelgeschichte überliefert wird, an der sich die Maler inspiriert haben, ausgenommen die letzten vier Geschichten, die sich anderen Quellen inspiriert haben, die aber ebenso angeführt sind.

Die Erzählung der Episoden, die in fünf Sprachen wiedergegeben ist und die Abbildungen, sind ausreichend, um einige Aspekte der Persönlichkeit von Paulus von Tarsus zu erkennen: seine Bereitschaft, sich von Gott leiten zu lassen, sein apostolischer Eifer, sein Mut gegenüber den Schwierigkeiten in der Verkündigung des Evangeliums, die Erfolge und Misserfolge seiner Missionsreisen, die unbedingte Liebe für Jesus Christus, die durch sein Martyrium belegt wird.

Dem Menschen von heute, Kind der Gesellschaft der Bilder, dem es immer an Zeit fehlt und dem es so sehr widerstrebt, Bücher zu lesen, die helfen, die Bedeutung der eigenen Existenz und des eigenen Glaubens zu begreifen, muss man die Lesung der Heilsgeschichte über Bilder anbieten, so wie es in den Jahrhunderten vor der Erfindung des Buchdrucks geschah, als anonyme Meister, die gleichzeitig Künstler und Theologen waren, Fresken und Mosaiken auf den Wänden der Kirchen von Aquileia, Mailand, Ravenna, Nola, Kostantinopel, Thessaloniki und auf dem Berg Sinai ausführten; als Giotto das Leben des Hl. Franziskus in der Basilika von Assisi erzählte und Michelangelo die Bibel in der Sixtinischen Kapelle mit Fresken erklärte. Zu

Recht wurden die herrlichen künstlerischen Darstellungen der Glaubensmysterien des Mittelalters als *Biblia pauperum* bezeichnet, die "Bibel der Armen", weil in ihnen auch jene Personen, die nicht gebildet waren, die Etappen der Heilsgeschichte "lesen", betrachten und zu ihnen meditieren konnten.

Die Kirchenväter der Antike haben die Wichtigkeit der Bilder hervorgehoben, sowohl um die Wahrheiten des Glaubens zu illustrieren, als auch um das beispielhafte Verhalten der Heiligen als Beispiel anzuführen. Der Hl. Gregor von Nissa (335-394) sagt, dass "die stumme Malerei von den Mauern spricht"[2]. Der Hl. Gregor der Große (540-604) unterstreicht ihren pädagogischen und spirituellen Einschnitt: "Das, was für die Leser die Schrift ist, ist das Bild für die Augen derjenigen, die nicht gebildet sind, weil in ihm sogar die Dummen sehen, was sie nachahmen müssen, in ihm lesen auch diejenigen, die nicht lesen können"[3].

Derselbe Gedanken wird vom Hl. Johannes Damascenus (675-754) ausgedrückt: "Das, was die Bibel für die gebildete Person ist, ist das Bild für die Analphabeten, und das, was das Wort für das Gehör ist, ist das Bild für die Augen"[4]. Von den Heiligen sprechend, sagt er: "Ich sorge dafür, dass diese in ihren vornehmen Handlungen und in ihrem Leiden dargestellt sind, denn durch sie werde ich zur Heiligkeit geführt und bin vom brennenden Wunsch beseelt, sie nachzuahmen"[5]. Und weiter: "Die Schönheit und die Farben der Bilder sind eine Anregung für mein Gebet und ein Fest für meine Augen, so wie das Schauspiel des Landes mein Herz antreibt, Gott zu ehren"[6]. Der Hl. Nicephorus (758-829) schließt ab, dass "die Sicht mehr zum Glauben führt als das Gehör"[7].

In diesen Kontext muss die vorliegende Publikation eingefügt werden, deren Hauptziel es ist, denjenigen, die auf ihrem Weg den Apostel Paulus treffen, eine Hilfe zu geben, um seine Aufforderung in die Tat umzusetzen: "Was ihr gelernt und aufgenomen, gehört und an mir gesehen habt, das tut" (Phil 4,9).

Rom, 25 Januar 2003
Bekehrung des Apostels Paulus

+Francesco Gioia, *Erzbischof*
Päpstlicher Verwalter
der Patriarchalbasilika Sankt Paul

Presentación

Los momentos más destacados de la vida del Apóstol San Pablo, son admirablemente representados en 36 frescos en la Basílica patrialcal de S. Pablo fuera de los muros de Roma. Los episodios puestos en orden cronológico se inician del transepto y sintetizados en las respectiva frases en latin puestos sobre los fresco, en el primero de los pilares, a la derecha del abside y continuan en la nave central para terminar en la parte izquierda donde se separa el coro de la nave principal. Tal ciclo pictórico, querido por Pío IX en 1857, en sustitución del conocido ciclo de Pedro Cavallini (1240-1325) que fue destruído durante el incendio de la Basílica de 1823, fue realizado por veintedos artistas en sólo tres años[1].

Algunos episodios de los 36 pasajes reproducidos en este volumen están acompañados del texto correspondiente en los cuales se inspiraron los artistas, tomado de San Lucas en los Hechos en los Apóstoles, con ecepción de las últimas cuatro escenas tomadas de otras fuentes que viene igualmente señalado.

Las narraciones de los episodios que proporcionamos en cinco lenguas, y las imágenes que cristalizan la vida de Pablo de Tarso, son suficientes para ver algunos aspectos de su personalidad: su disponibilidad y dejarse conducir por Dios, su celo apostólico, su fuerza al afrontar las múltiples dificultades para anunciar el Evangelio, sus éxitos y derrotas en sus viajes misioneros, y el amor incondicional por Jesucristo testimoniado en el martirio.

Para el hombre de hoy, hijo de una cultura de imágines, siempre limitado en su tiempo y así también reacio a leer libros que le ayuden a comprender el significado de la propia existencia y de la propia fe, les ofrecemos la lectura de la historia de la salvación a través de las imágenes, así como ocurría en los primeros siglos antes que apareciera la imprenta, cuando el Giotto narrava la vida de San Francisco y Miguel Angel explicaba la Bíblia en los frescos de la Capilla sixtina, anónimos maestros, al mismo tiempo artistas y teólogos, realizaban frescos y mosaicos en las paredes de la iglesia de Aquila, Milán, Ravenna, Nola, Constantinopla, Salónico y en el monte Sinai. Con razón encontramos estupendas representaciones artísticas medievales de los misterios de la fe, que han estado llamadas la *Biblia pauperum*, "Biblia de los pobres", ya que en esos murales las personas que no tenían educación podían ser instruídas, leer, contemplar y meditar las diversas etapas de la historia de la salvación.

Los antiguos Padres de la Iglesia han evidenciado la importancia de las imágenes, sea para ilustrar la Verdad de la fe, sea para ilustrar el comportamiento ejemplar de los Santos. San Gregorio de Nisa (335-394) afirma que "la muda pintura habla en los muros"[2]. San Gregorio Magno (540-604) subraya la incidencia pedagógica y espiritual: "Eso que para los lectores es la escritura, son las imágenes para los ojos de aquellos que no tienen instrucción, porque en ella hasta los ignorantes ven eso que deben imitar, en ella leen también aquellos que no saben leer"[3].

El mismo pensamiento está expresado por San Juan Damaseno (675-754): "Eso que la Biblia es para la persona instruída, la imágen lo es para los analfabetos, y eso que la palabra es para el odio, la imágen lo es para la vista"[4]. Hablando de los Santos dice: "De estos, yo busco el modo que sean pintadas las nobles acciones y los sufrimientos, porque por medio de esos yo soy conducido a la santidad y soy impulsado al ardiente deseo de imitarlos"[5]. Y ahora: "La belleza y el color de las imágenes son un estímulo para mi oración y una fiesta para mis ojos, así como el espectáculo de los campos incita mi corazón para dar gloria a Dios"[6]. San Nicéforo (758-829) concluye que "la vista conduce a la fe más que el oído"[7].

En este contexto va entregada la presente publicación, cuyo fin principal es ofrecer a quien en su camino encuentra al apóstol Pablo, una ayuda para traducir en la práctica su exhortación: "Pongan en práctica todo lo que han aprendido, recibido y oído de mí, todo lo que me han visto hacer, y el Dios de la paz estará con ustedes" (Fil 4, 9).

Roma, 25 Enero del 2003
Conversion de S. Pablo

+Francisco Gioia, *Arzobispo*
Administrador Pontificio
de la Patriarcal Basilica de S. Pablo

SAVLVS ERAT CONSENTIENS NECI

Saulo approvava la sua uccisione (Act 8,1)
Saul approved of his killing
Saul approuvait ce meurtre
Saulus hieß seine Tötung gut
Saulo aprobaba su muerte

GAGLIARDI PIETRO[8]

1 *Saulo presente al martirio di S. Stefano*

Saul present at the martyrdom of Saint Stephen

Saul assiste au martyre de Saint Étienne

Saulus beim Martyrium des Hl. Stephanus

Saulo presente en el martirio de S. Esteban

«Saulo era fra coloro che approvarono la sua uccisione. In quel giorno scoppiò una violenta persecuzione contro la Chiesa di Gerusalemme e tutti, ad eccezione degli apostoli, furono dispersi nelle regioni della Giudea e della Samaria. Persone pie seppellirono Stefano e fecero un grande lutto per lui. Saulo intanto infuriava contro la Chiesa ed entrando nelle case prendeva uomini e donne e li faceva mettere in prigione» *(Atti 8,1-3).*

«Saul was there, giving approval to his death. On that day a great persecution broke out against the church at Jerusalem, and all except the apostles were scattered throughout Judea and Samaria. Godly men buried Stephen and mourned deeply for him. But Saul began to destroy the church. Going from house to house, he dragged off men and women and put them in prison» *(Acts 8:1-3).*

«Saul avait approuvé le meurtre d'Étienne. Il y eut, ce jour-là, une grande persécution contre l'Église de Jérusalem; et tous, excepté les apôtres, se dispersèrent dans les contrées de la Judée et de la Samarie. Des hommes pieux ensevelirent Étienne, et le pleurèrent à grand bruit. Saul, de son côté, ravageait l'Église ; pénétrant dans les maisons, il en arrachait hommes et femmes, et les faisait jeter en prison» *(Actes 8,1-3).*

«Saulus aber willigte in seine Tötung mit ein. An jenem Tag entstand aber eine große Verfolgung gegen die Gemeinde in Jerusalem; und alle wurden in die Landschaften von Judäa und Samaria zerstreut, ausgenommen die Apostel. Gottesfürchtige Männer aber bestatteten den Stephanus und stellten eine große Klage über ihn an. Saulus aber verwüstete die Gemeinde, indem er der Reihe nach in die Häuser ging; und er schleppte sowohl Männer als Frauen fort und überlieferte sie ins Gefängnis» *(Apostelgeschichte 8,1-3).*

«Saulo estaba allí, aprobando la muerte de Esteban. Aquel día se desató una gran persecución contra la iglesia de Jerusalén, y todos, excepto los apóstoles, se dispersaron por las regiones de Judea y Samaria. Unos hombres piadosos sepultaron a Esteban e hicieron gran duelo por él. Saulo, por su parte, causaba estragos en la iglesia: entrando de casa en casa, arrastraba a hombres y mujeres y los metía en la cárcel» *(Hechos 8,1-3).*

Io sono Gesù che tu perseguiti (At 9,5)
I am Jesus whom you are persecuting
Je suis Jésus que tu persécutes
Ich bin Jesus, den du verfolgst
Yo soy Jesús que tú persigues

2 Conversione di Saulo

Conversion of Saul
Conversion de Saul
Bekehrung des Saulus
Conversión de Saulo

«Saulo frattanto, sempre fremente minaccia e strage contro i discepoli del Signore, si presentò al sommo sacerdote e gli chiese lettere per le sinagoghe di Damasco al fine di essere autorizzato a condurre in catene a Gerusalemme uomini e donne, seguaci della dottrina di Cristo, che avesse trovati. E avvenne che, mentre era in viaggio e stava per avvicinarsi a Damasco, all'improvviso lo avvolse una luce dal cielo e cadendo a terra udì una voce che gli diceva: "Saulo, Saulo, perché mi perseguiti?". Rispose: "Chi sei, o Signore?". E la voce: "Io sono Gesù, che tu perseguiti! Orsù, alzati ed entra nella città e ti sarà detto ciò che devi fare". Gli uomini che facevano il cammino con lui si erano fermati ammutoliti, sentendo la voce, ma non vedendo nessuno. Saulo si alzò da terra ma, appena aperti gli occhi, non vedeva nulla. Così, guidandolo per mano, lo condussero a Damasco, dove rimase tre giorni senza vedere e senza prendere né cibo né bevanda» (*Atti* 9,1-9).

GAGLIARDI PIETRO[9]

«Meanwhile, Saul was still breathing out murderous threats against the Lord's disciples. He went to the high priest and asked him for letters to the synagogues in Damascus, so that if he found any there who belonged to the Way, whether men or women, he might take them as prisoners to Jerusalem. As he neared Damascus on his journey, suddenly a light from heaven flashed around him. He fell to the ground and heard a voice say to him, "Saul, Saul, why do you persecute me?". "Who are you, Lord?" Saul asked. "I am Jesus, whom you are persecuting," he replied. "Now get up and go into the city, and you will be told what you must do. The men traveling with Saul stood there speechless; they heard the sound but did not see anyone. Saul got up from the ground, but when he opened his eyes he could see nothing. So they led him by the hand into Damascus. For three days he was blind, and did not eat or drink anything» *(Acts 9:1-9)*.

«Cependant Saul, respirant encore la menace et le meurtre contre les disciples du Seigneur, se rendit chez le grand prêtre, et lui demanda des lettres pour les synagogues de Damas, afin que, s'il trouvait des partisans de la nouvelle doctrine, hommes ou femmes, il les amenât liés à Jérusalem. Comme il était en chemin, et qu'il approchait de Damas, tout à coup une lumière venant du ciel resplendit autour de lui. Il tomba par terre, et il entendit une voix qui lui disait: "Saul, Saul, pourquoi me persécutes-tu?". Il répondit : "Qui es-tu, Seigneur ?". Et le Seigneur dit: "Je suis Jésus que tu persécutes. Mais relève-toi, entre dans la ville et l'on te dira ce que tu dois faire". Ses compagnons de route s'étaient arrêtés, muets de stupeur: ils entendaient bien la voix mais sans voir personne. Saul se releva de terre, quoi qu'il eût les yeux ouverts, il ne voyait rien. On le conduisit par la main pour le faire entrer à Damas. Trois jours durant, il resta sans voir, ne mangeant et ne buvant rien» *(Actes 9,1-9)*.

«Saulus aber schnaubte immer noch Drohung und Mord gegen die Jünger des Herrn, ging zu dem Hohenpriester und erbat sich von ihm Briefe nach Damaskus an die Synagogen, damit, wenn er einige, die des Weges wären, fände, Männer wie auch Frauen, er sie gebunden nach Jerusalem führe. Als er aber hinzog, geschah es, daß er Damaskus nahte. Und plötzlich umstrahlte ihn ein Licht aus dem Himmel; und er fiel auf die Erde und hörte eine Stimme, die zu ihm sprach: "Saul, Saul, was verfolgst du mich?" Er aber sprach: "Wer bist du, Herr? Er aber [sagte]: Ich bin Jesus, den du verfolgst. Doch steh auf und geh in die Stadt, und es wird dir gesagt werden, was du tun sollst!" Die Männer aber, die mit ihm des Weges zogen, standen sprachlos, da sie wohl die Stimme hörten, aber niemand sahen. Saulus aber richtete sich von der Erde auf. Als sich aber seine Augen öffneten, sah er nichts. Und sie leiteten ihn bei der Hand und führten ihn nach Damaskus. Und er konnte drei Tage nicht sehen und aß nicht und trank nicht» *(Apostelgeschichte 9,1-9)*.

«Mientras tanto, Saulo, respirando aún amenazas de muerte contra los discípulos del Señor, se presentó al sumo sacerdote y le pidió cartas de extradición para las sinagogas de Damasco. Tenía la intención de encontrar y llevarse presos a Jerusalén a todos los que pertenecierañ al Camino, fueran hombres o mujeres. En el viaje sucedió que, al acercarse a Damasco, una luz del cielo relampagueó de repente a su alrededor. Él cayó al suelo y oyó una voz que le decía: "Saulo, Saulo, ¿por què me persigues?" "¿Quién eres, Señor?", preguntó. "Yo soy Jesús, a quien tú persigues!", le contestó la voz. "Levántate y entra en la ciudad, que allí se te dirà lo que tienes que hacer". Los hombres que viajaban con Saulo se detuvieron atónitos, porque oían la voz pero no veían a nadie. Saulo se levantó del suelo, pero cuando abrió los ojos no podía ver, así que lo tomaron de la mano y lo llevaron a Damasco. Estuvo ciego tres días, sin comer ni beber nada» *(Hechos 9,1-9)*.

DOMINVS MISIT ME
VT IMPLEARIS
SPIRITV SANCTO

Il Signore mi inviò perché tu sia riempito di Spirito Santo (At 9,17)
The Lord sent me so that you might be filled with the Holy Spirit
Le Seigneur m'envoie pour que tu sois rempli d'Esprit Saint
Der Herr hat mich gesandt, damit du mit dem Heiligen Geist erfüllt wirst
El Señor me envio, para que tú seas lleno del Espíritu Santo

3 *Anania infonde lo Spirito Santo in Saulo*

Ananias lays hands on Saul who receives the virtues of the Holy Spirit

Ananie transmet les dons de l'Esprit Saint à Saul

Hananias erfüllt Saulus mit den Tugenden des Heiligen Geistes

Ananías infunde las virtudes del Espíritu Santo en Saulo

«C'era a Damasco un discepolo di nome Anania e il Signore in una visione gli disse: "Anania!". Rispose: "Eccomi, Signore!". E il Signore a lui: "Su, và sulla strada chiamata Diritta, e cerca nella casa di Giuda un tale che ha nome Saulo, di Tarso; ecco sta pregando, e ha visto in visione un uomo, di nome Anania, venire e imporgli le mani perché ricuperi la vista". Rispose Anania: "Signore, riguardo a quest'uomo ho udito da molti tutto il male che ha fatto ai tuoi fedeli in Gerusalemme. Inoltre ha l'autorizzazione dai sommi sacerdoti di arrestare tutti quelli che invocano il tuo nome". Ma il Signore disse: "Và, perché egli è per me uno strumento eletto per portare il mio nome dinanzi ai popoli, ai re e ai figli di Israele; e io gli mostrerò quanto dovrà soffrire per il mio nome". Allora Anania andò, entrò nella casa, gli impose le mani e disse: "Saulo, fratello mio, mi ha mandato a te il Signore Gesù, che ti è apparso sulla via per la quale venivi, perché tu riacquisti la vista e sia colmo di Spirito Santo". E improvvisamente gli caddero dagli occhi come delle squame e ricuperò la vista» (*Atti* 9,10-18).

PODESTI FRANCESCO[10]

«In Damascus there was a disciple named Ananias. The Lord called to him in a vision, "Ananias!" "Yes, Lord," he answered. The Lord told him, "Go to the house of Judas on Straight Street and ask for a man from Tarsus named Saul, for he is praying. In a vision he has seen a man named Ananias come and place his hands on him to restore his sight". "Lord", Ananias answered", I have heard many reports about this man and all the harm he has done to your saints in Jerusalem. And he has come here with authority from the chief priests to arrest all who call on your name". But the Lord said to Ananias: "Go! This man is my chosen instrument to carry my name before the Gentiles and their kings and before the people of Israel. I will show him how much he must suffer for my name". Then Ananias went to the house and entered it. Placing his hands on Saul, he said, "Brother Saul, the Lord Jesus, who appeared to you on the road as you were coming here has sent me so that you may see again and be filled with the Holy Spirit." Immediately, something like scales fell from Saul's eyes, and he could see again. He got up and was baptized, and after taking some food, he regained his strength» *(Acts 9:10-18)*.

«Il y avait à Damas un disciple nommé Ananie. Le Seigneur lui dit dans une vision: "Ananie !". Il répondit : "Me voici, Seigneur!". Et le Seigneur lui dit: "Lève-toi, va dans la rue Droite, et cherche, dans la maison de Judas, un nommé Saul de Tarse. Car il prie, et il a vu en vision un homme du nom d'Ananie, qui entrait, et qui lui imposait les mains, afin qu'il recouvrît la vue. Ananie répondit : "Seigneur, j'ai appris de plusieurs personnes tous les maux que cet homme a faits à tes saints dans Jérusalem ; et il a ici des pouvoirs, de la part des grands prêtres, pour lier tous ceux qui invoquent ton nom". Mais le Seigneur lui dit : " Va, car cet homme est un instrument que j'ai choisi, pour porter mon nom devant les nations, devant les rois, et devant les fils d'Israël ; et je lui montrerai tout ce qu'il doit souffrir pour mon nom". Ananie sortit ; et, lorsqu'il fut arrivé dans la maison, il imposa les mains à Saul, en disant: "Saul, mon frère, le Seigneur Jésus, qui t'est apparu sur le chemin par lequel tu venais, m'a envoyé pour que tu recouvres la vue et que tu sois rempli du Saint Esprit. Au même instant, il tomba de ses yeux comme des écailles, et il recouvra la vue» *(Actes 9,10-18)*.

«Es war aber ein Jünger in Damaskus, mit Namen Hananias; und der Herr sprach zu ihm in einer Erscheinung: "Hananias!" Er aber sprach: "Siehe, [hier bin] ich, Herr!" Der Herr aber [sprach] zu ihm: "Steh auf und geh in die Straße, welche die gerade genannt wird, und frage im Haus des Judas nach einem mit Namen Saulus von Tarsus! Denn siehe, er betet; und er hat im Gesicht einen Mann mit Namen Hananias gesehen, der hereinkam und ihm die Hände auflegte, damit er wieder sehend werde". Ananias aber antwortete: "Herr, ich habe von vielen über diesen Mann gehört, wie viel Böses er deinen Heiligen in Jerusalem getan hat. Und hier hat er Vollmacht von den Hohenpriestern, alle zu binden, die deinen Namen anrufen". Der Herr aber sprach zu ihm: "Geh hin! Denn dieser ist mir ein auserwähltes Werkzeug, meinen Namen zu tragen sowohl vor Nationen als Könige und Söhne Israels. Denn ich werde ihm zeigen, wie vieles er für meinen Namen leiden muß". Ananias aber ging hin und kam in das Haus; und er legte ihm die Hände auf und sprach: "Bruder Saul, der Herr hat mich gesandt, Jesus - der dir erschienen ist auf dem Weg, den du kamst -, damit du wieder sehend und mit Heiligem Geist erfüllt werdest". Und sogleich fiel es wie Schuppen von seinen Augen, und er wurde sehend» *(Apostelgeschichte 9,10-18)*.

«Había en Damasco un discípulo llamado Ananías, a quien el Señor llamó en una visión. ";Ananías!" "Aquí estoy, Señor". "Anda, ve a la casa de Judas, en la calle llamada Derecha, y pregunta por un tal Saulo de Tarso. Esta orando, y ha visto en una visión a un hombre llamado Ananías, que entra y pone las manos sobre él para que recobre la vista". Entonces Ananías respondió: "Señor, he oído hablar mucho de ese hombre y de todo el mal que ha causado a tus santos en Jerusalén. Y ahora lo tenemos aquí, autorizado por los jefes de los sacerdotes, para llevarse presos a todos los que invocan tu nombre". "Ve", insistió el Señor, porque ese hombre es mi instrumento escogido para dar a conocer mi nombre tanto a las naciones y a sus reyes como al pueblo de Israel. Yo le mostraré cuánto tendrá que padecer por mi nombre. Ananías se fue y, cuando llegó a la casa, le impuso las manos a Saulo y le dijo: "Hermano Saulo, el Señor Jesús, que se te apareció en el camino, me ha enviado para que recobres la vista y seas lleno del Espíritu Santo". Al instante cayó de los ojos de Saulo algo como escamas, y recobró la vista. Se levantó y fue bautizado» *(Hechos 9,10-18)*.

Saulo recuperò la vista e alzatosi fu battezzato (At 9,18)
Saul recovered his sight and arising was baptized
Saul recouvrit la vue et il fut baptisé
Saulus sah wieder, stand auf und ließ sich taufen
Saulo recupero la vista y alzandose fue bautizado

PODESTI FRANCESCO[11]

4 *Anania battezza Saulo*

Ananias baptizes Saul

Ananie baptise Saul

Hananias tauft Saulus

Ananías bautiza a Saulo

«Un certo Anania, un devoto osservante della legge e in buona reputazione presso tutti i Giudei colà residenti, venne da me, mi si accostò e disse: "Saulo, fratello, torna a vedere!" E in quell'istante io guardai verso di lui e riebbi la vista. Egli soggiunse: "Il Dio dei nostri padri ti ha predestinato a conoscere la sua volontà, a vedere il Giusto e ad ascoltare una parola dalla sua stessa bocca, perché gli sarai testimone davanti a tutti gli uomini delle cose che hai visto e udito. E ora perché aspetti? Alzati, ricevi il battesimo e lavati dai tuoi peccati, invocando il suo nome"» *(Atti 22,12-16)*.

«A man named Ananias came to see me. He was a devout observer of the law and highly respected by all the Jews living there. He stood beside me and said: "Brother Saul, receive your sight!" And at that very moment I was able to see him. Then he said: "The God of our fathers has chosen you to know his will and to see the Righteous One and to hear words from his mouth. You will be his witness to all men of what you have seen and heard. And now what are you waiting for? Get up, be baptized and wash your sins away, calling on his name"» *(Acts 22:12-16)*.

«Or, un nommé Ananie, homme pieux selon la loi, et de qui tous les Juifs demeurant à Damas rendaient un bon témoignage, vint se présenter à moi, et me dit: "Saul, mon frère, recouvre la vue". Au même instant, je recouvrai la vue et je le regardai. Il dit: "Le Dieu de nos pères t'a destiné à connaître sa volonté, à voir le Juste, et à entendre les paroles de sa bouche; car tu lui serviras de témoin, auprès de tous les hommes, des choses que tu as vues et entendues. Et maintenant, que tardes-tu? Lève-toi, sois baptisé, et lavé de tes péchés, en invoquant le nom du Seigneur"» *(Actes 22,12-16)*.

«Ein gewisser Hananias aber, ein frommer Mann nach dem Gesetz, der ein [gutes] Zeugnis hatte von allen dort wohnenden Juden, kam zu mir, trat heran und sprach zu mir: "Bruder Saul, sei wieder sehend!" Und zu derselben Stunde schaute ich zu ihm auf. Er aber sprach: "Der Gott unserer Väter hat dich dazu bestimmt, seinen Willen zu erkennen und den Gerechten zu sehen und eine Stimme aus seinem Mund zu hören. Denn du wirst ihm an alle Menschen ein Zeuge sein von dem, was du gesehen und gehört hast. Und nun, was zögerst du? Steh auf, laß dich taufen und deine Sünden abwaschen, indem du seinen Namen anrufst"» *(Apostelgeschichte 22,12-16)*.

«Vino a verme un tal Ananías, hombre devoto que observaba la ley y a quien respetaban mucho los judíos que allí vivían. Se puso a mi lado y me dijo: "Hermano Saulo, ¡recibe la vista!" Y en aquel mismo instante recobré la vista y pude verlo. Luego dijo: "El Dios de nuestros antepasados te ha escogido para que conozcas su voluntad, y para que veas al Justo y oigas las palabras de su boca. Tú le serás testigo ante toda persona de lo que has visto y oído. Y ahora, ¿qué esperas? Levántate, bautízate y lávate de tus pecados, invocando su nombre"» *(Hechos 22,12-16)*.

Predicava e confondeva i Giudei di Damasco (At 9,22)
He preached and confounded the Jews in Damascus
Il prêchait et confondait les Juifs de Damas
Er predigte und verwirrte die Juden von Damaskus
Predicaba y confundia a los Judios de Damasco

5 Saulo predica a Damasco

Saul preaches in Damascus

Saul prêche à Damas

Saulus predigt in Damaskus

Saulo predica en Damasco

«Saulo rimase alcuni giorni insieme ai discepoli che erano a Damasco, e subito nelle sinagoghe proclamava Gesù Figlio di Dio. E tutti quelli che lo ascoltavano si meravigliavano e dicevano: "Ma costui non è quel tale che a Gerusalemme infieriva contro quelli che invocano questo nome ed era venuto qua precisamente per condurli in catene dai sommi sacerdoti?"» *(Atti 9,19-21).*

«Saul spent several days with the disciples in Damascus. At once he began to preach in the synagogues that Jesus is the Son of God. All those who heard him were astonished and asked, "Isn't he the man who raised havoc in Jerusalem among those who call on this name? And hasn't he come here to take them as prisoners to the chief priests?"» *(Acts 9:19-21).*

«Saul resta quelques jours avec les disciples qui étaient à Damas. Et aussitôt il prêcha dans les synagogues que Jésus est le Fils de Dieu. Tous ceux qui l'entendaient étaient dans l'étonnement, et disaient: "N'est-ce pas celui qui persécutait à Jérusalem ceux qui invoquent ce nom, et n'est-il pas venu ici pour les emmener liés devant les grands prêtres?"» *(Actes 9,19-21).*

«Saulus war aber einige Tage bei den Jüngern in Damaskus. Und sogleich predigte er in den Synagogen Jesus, daß dieser der Sohn Gottes ist. Alle aber, die es hörten, gerieten außer sich und sagten: "Ist dieser nicht der, welcher in Jerusalem die zugrunde richtete, die diesen Namen anrufen, und dazu hierhier gekommen war, daß er sie gebunden zu den Hohenpriestern führe?"» *(Apostelgeschichte 9,19-21).*

«Saulo pasó varios días con los discípulos que estaban en Damasco, y en seguida se dedicó a predicar en las sinagogas, afirmando que Jesús es el Hijo de Dios. Todos los que le oían se quedaban asombrados, y preguntaban: "¿No es éste el que en Jerusalén perseguía a muerte a los que invocan ese nombre? ¿Y no ha venido aquí para llevárselos presos y entregarlos a los jefes de los sacerdotes?"» *(Hechos 9,19-21).*

PER FENESTRAM IN SPORTAM DIMISSVS SVM

Per la finestra fui calato in una sporta (At 9,25)
From a window I was lowered in a basket
Ils le descendirent dans une corbeille par la fenêtre
Sie ließen ihn in einem Korb an der Stadtmauer herab
Por la ventana fue descolgado en una espuerta

24

6 Fuga di Saulo da Damasco

Saul flees from Damascus
Saul s'enfuit de Damas
Flucht des Saulus aus Damaskus
Fuga de Saulo de Damasco

«Saulo frattanto si rinfrancava sempre più e confondeva i Giudei residenti a Damasco, dimostrando che Gesù è il Cristo. Trascorsero così parecchi giorni e i Giudei fecero un complotto per ucciderlo; ma i loro piani vennero a conoscenza di Saulo. Essi facevano la guardia anche alle porte della città di giorno e di notte per sopprimerlo; ma i suoi discepoli di notte lo presero e lo fecero discendere dalle mura, calandolo in una cesta» *(Atti 9,22-25)*.

«Saul grew more and more powerful and baffled the Jews living in Damascus by proving that Jesus is the Christ. After many days had gone by, the Jews conspired to kill him, but Saul learned of their plan. Day and night they kept close watch on the city gates in order to kill him. But his followers took him by night and lowered him in a basket through an opening in the wall» *(Acts 9:22-25)*.

«Saul gagnait toujours en force et confondait les Juifs de Damas en démontrant que Jésus est bien le Christ. Au bout d'un certain temps, les Juifs se concertèrent pour le tuer, et leur complot parvint à la connaissance de Saul. On gardait les portes de la ville jour et nuit, afin de lui ôter la vie. Mais, pendant une nuit, les disciples le prirent, et le descendirent par la muraille, dans une corbeille» *(Actes 9,22-25)*.

«Saulus aber erstarkte noch mehr [im Wort] und brachte die Juden, die in Damaskus wohnten, in Verwirrung, indem er bewies, daß dieser der Christus ist. Als aber viele Tage verflossen waren, ratschlagten die Juden miteinander, ihn umzubringen. Es wurde aber dem Saulus ihr Anschlag bekannt. Und sie bewachten auch die Tore sowohl bei Tag als bei Nacht, damit sie ihn umbrächten. Die Jünger aber nahmen ihn bei Nacht und ließen ihn durch die Mauer hinab, indem sie ihn in einem Korb hinunterließen" *(Apostelgeschichte 9,22-25)*.

«Saulo cobraba cada vez más fuerza y confundía a los judíos que vivían en Damasco, demostrándoles que Jesús es el Mesías.Después de muchos días, los judíos se pusieron de acuerdo para hacerlo desaparecer, pero Saulo se enteró de sus maquinaciones. Día y noche vigilaban de cerca las puertas de la ciudad con el fin de eliminarlo. Pero sus discípulos se lo llevaron de noche y lo bajaron en un canasto por una abertura en la muralla» *(Hechos 9,22-25)*.

BARNABAS
APPREHENSVM PAVLVM
DVXIT AD APOSTOLOS

Barnaba prese con sé Paolo e lo portò dagli Apostoli (At 9,27)
Barnabas took Paul with him and brought him to the Apostles
Barnabé prit Paul avec lui et l'amena aux Apôtres
Barnabas aber nahm ihn und brachte ihn zu den Aposteln
Bernabé tomó consigo a Pablo y lo llevo donde los Apóstoles

CONSONI NICOLA[14]

7 Saulo a Gerusalemme

Saul at Jerusalem

Saul à Jérusalem

Saulus in Jerusalem

Saulo en Jerusalén

«Venuto a Gerusalemme, cercava di unirsi con i discepoli, ma tutti avevano paura di lui, non credendo ancora che fosse un discepolo. Allora Barnaba lo prese con sé, lo presentò agli apostoli e raccontò loro come durante il viaggio aveva visto il Signore che gli aveva parlato, e come in Damasco aveva predicato con coraggio nel nome di Gesù. Così egli potè stare con loro e andava e veniva a Gerusalemme, parlando apertamente nel nome del Signore e parlava e discuteva con gli Ebrei di lingua greca; ma questi tentarono di ucciderlo. Venutolo però a sapere i fratelli, lo condussero a Cesarèa e lo fecero partire per Tarso» *(Atti 9,26-30)*.

«When he came to Jerusalem, he tried to join the disciples, but they were all afraid of him, not believing that he really was a disciple. But Barnabas took him and brought him to the apostles. He told them how Saul on his journey had seen the Lord and that the Lord had spoken to him, and how in Damascus he had preached fearlessly in the name of Jesus. So Saul stayed with them and moved about freely in Jerusalem, speaking boldly in the name of the Lord. He talked and debated with the Grecian Jews, but they tried to kill him. When the brothers learned of this, they took him down to Caesarea and sent him off to Tarsus» *(Acts 9:26-30)*.

«Lorsqu'il se rendit à Jérusalem, Saul tâcha de se joindre à eux ; mais tous le craignaient, ne croyant pas qu'il fût un disciple. Alors Barnabé, l'ayant pris avec lui, le conduisit vers les apôtres, et leur raconta comment sur le chemin Saul avait vu le Seigneur, qui lui avait parlé, et comment à Damas il avait prêché franchement au nom de Jésus. Il allait et venait avec eux dans Jérusalem, et s'exprimait en toute assurance au nom du Seigneur. Il parlait aussi et discutait avec les Hellénistes; mais ceux-ci cherchaient à lui ôter la vie. Les frères, l'ayant su, l'emmenèrent à Césarée, et le firent partir pour Tarse » *(Actes 9,26-30)*.

«Als er aber nach Jerusalem gekommen war, versuchte er, sich den Jüngern anzuschließen; und alle fürchteten sich vor ihm, da sie nicht glaubten, daß er ein Jünger sei. Barnabas aber nahm ihn und brachte ihn zu den Aposteln und erzählte ihnen, wie er auf dem Weg den Herrn gesehen habe und daß der zu ihm geredet und wie er in Damaskus freimütig im Namen Jesu gesprochen habe. Und er ging mit ihnen aus und ein in Jerusalem und sprach freimütig im Namen des Herrn. Und er redete und stritt mit den Hellenisten; sie aber trachteten, ihn umzubringen. Als die Brüder es aber erfuhren, brachten sie ihn nach Cäsarea hinab und sandten ihn weg nach Tarsus» *(Apostelgeschichte 9,26-30)*.

«Cuando llegó a Jerusalén, trataba de juntarse con los discípulos, pero todos tenían miedo de él, porque no creían que de veras fuera discípulo. Entonces Bernabé lo tomó a su cargo y lo llevó a los apóstoles. Saulo les describió en detalle cómo en el camino había visto al Señor, el cual le había hablado, y cómo en Damasco había predicado con libertad en el nombre de Jesús. Así que se quedó con ellos, y andaba por todas partes en Jerusalén, hablando abiertamente en el nombre del Señor. Conversaba y discutía con los judíos de habla griega, pero ellos se proponían eliminarlo. Cuando se enteraron de ello los hermanos, se lo llevaron a Cesarea y de allí lo mandaron a Tarso» *(Hechos 9,26-30)*.

IMPONENTES EIS . MANVS DIMISERVNT ILLOS

Imposero loro le mani e li congedarono (At 13,3)
They imposed hands on them and bade them farewell
Ils leur imposèrent les mains et les congédièrent
Sie legten ihnen die Hände auf und entließen sie
Ellos impusierón las manos y los enviarón

MARIANI CESARE[15]

8 Consacrazione di Saulo e Barnaba

Consecration of Saul and Barnabas

Consécration de Saul et Barnabé

Weihe von Saulus und Barnabas

Consagración de Saulo y Bernabé

«C'erano nella comunità di Antiochia profeti e dottori: Barnaba, Simeone soprannominato Niger, Lucio di Cirène, Manaèn, compagno d'infanzia di Erode tetrarca, e Saulo. Mentre essi stavano celebrando il culto del Signore e digiunando, lo Spirito Santo disse: "Riservate per me Barnaba e Saulo per l'opera alla quale li ho chiamati". Allora, dopo aver digiunato e pregato, imposero loro le mani e li accomiatarono» *(Atti 13,1-3)*.

«In the church at Antioch there were prophets and teachers: Barnabas, Simeon called Niger, Lucius of Cyrene, Manaen (who had been brought up with Herod the tetrarch) and Saul. While they were worshiping the Lord and fasting, the Holy Spirit said, "Set apart for me Barnabas and Saul for the work to which I have called them". So after they had fasted and prayed, they placed their hands on them and sent them off» *(Acts 13:1-3)*.

«Il y avait dans l'Église d'Antioche des prophètes et des docteurs : Barnabé, Syméon appelé Niger, Lucius de Cyrène, Manaën, qui avait été élevé avec Hérode le tétrarque, et Saul. Pendant qu'ils servaient le Seigneur dans leur ministère et qu'ils jeûnaient, le Saint Esprit dit: "Mettez-moi à part Barnabé et Saul pour l'œuvre à laquelle je les ai appelés". Alors, après avoir jeûné et prié, ils leur imposèrent les mains, et les laissèrent partir» *(Actes 13,1-3)*.

«Es waren aber in Antiochia, in der dortigen Gemeinde, Propheten und Lehrer: Barnabas und Simon, genannt Niger, und Lucius von Kyrene und Manaen, der mit Herodes, dem Tetrarchen, auferzogen worden war, und Saulus. Während sie aber dem Herrn dienten und fasteten, sprach der Heilige Geist: "Sondert mir nun Barnabas und Saulus zu dem Werk aus, zu dem ich sie berufen habe!" Da fasteten und beteten sie; und als sie ihnen die Hände aufgelegt hatten, entließen sie sie» *(Apostelgeschichte 13,1-3)*.

«En la iglesia de Antioquía eran profetas y maestros Bernabé; Simeón, apodado el Negro; Lucio de Cirene; Manaén, que se había criado con Herodes el tetrarca; y Saulo. Mientras ayunaban y participaban en el culto al Señor, el Espíritu Santo dijo: "Apártenme ahora a Bernabé y a Saulo para el trabajo al que los he llamado". Así que después de ayunar, orar e imponerles las manos, los despidieron» *(Hechos 13,1-3)*.

SERGIVS
CVM VIDISSET
FACTVM ELIIMAE
CREDIDIT

Sergio credette, vedendo ciò che era accaduto ad Elimas (At 13,12)
Sergius believed, seeing what had happened to Elymus
Voyant ce qui était arrivé à Elymas, Serge embrassa la foi
Als Sergius sah, was geschehen war, glaubte er Elmias
Sergio creyó, mirando lo que había sucedido a Elímas

9 Paolo converte il proconsole di Pafo

Paul converts the proconsul of Paphos
Paul convertit le proconsul de Paphos
Paulus bekehrt den Prokonsul von Paphos
Pablo convierte al procónsul de Pafos

«Giunti a Salamina, Paolo e Barnaba cominciarono ad annunziare la parola di Dio nelle sinagoghe dei Giudei, avendo con loro anche Giovanni come aiutante. Attraversata tutta l'isola fino a Pafo, vi trovarono un tale, mago e falso profeta giudeo, di nome Bar-Iesus, al seguito del proconsole Sergio Paolo, persona di senno, che aveva fatto chiamare a sé Barnaba e Saulo e desiderava ascoltare la parola di Dio. Ma Elimas, il mago - ciò infatti significa il suo nome - faceva loro opposizione cercando di distogliere il proconsole dalla fede. Allora Saulo, detto anche Paolo, pieno di Spirito Santo, fissò gli occhi su di lui e disse: "O uomo pieno di ogni frode e di ogni malizia, figlio del diavolo, nemico di ogni giustizia, quando cesserai di sconvolgere le vie diritte del Signore? Ecco la mano del Signore è sopra di te: sarai cieco e per un certo tempo non vedrai il sole". Di colpo piombò su di lui oscurità e tenebra, e brancolando cercava chi lo guidasse per mano. Quando vide l'accaduto, il proconsole credette, colpito dalla dottrina del Signore» *(Atti 13,5-12)*.

Mariani Cesare[16]

«When they arrived at Salamis, they proclaimed the word of God in the Jewish synagogues. John was with them as their helper. They traveled through the whole island until they came to Paphos. There they met a Jewish sorcerer and false prophet named Bar-Jesus, who was an attendant of the proconsul, Sergius Paulus. The proconsul, an intelligent man, sent for Barnabas and Saul because he wanted to hear the word of God. But Elymas the sorcerer (for that is what his name means) opposed them and tried to turn the proconsul from the faith. Then Saul, who was also called Paul, filled with the Holy Spirit, looked straight at Elymas and said, "You are a child of the devil and an enemy of everything that is right! You are full of all kinds of deceit and trickery. Will you never stop perverting the right ways of the Lord? Now the hand of the Lord is against you. You are going to be blind, and for a time you will be unable to see the light of the sun". Immediately mist and darkness came over him, and he groped about, seeking someone to lead him by the hand. When the proconsul saw what had happened, he believed, for he was amazed at the teaching about the Lord» *(Acts 13:5-12).*

«Arrivés à Salamine, ils annoncèrent la parole de Dieu dans les synagogues des Juifs. Ils avaient Jean pour aide. Ayant ensuite traversé toute l'île jusqu'à Paphos, ils trouvèrent un certain magicien, faux prophète juif, nommé Bar-Jésus, qui était avec le proconsul Sergius Paulus, homme intelligent. Ce dernier fit appeler Barnabé et Saul, et manifesta le désir d'entendre la parole de Dieu. Mais Élymas, le magicien - car c'est ce que signifie son nom - leur faisait opposition, cherchant à détourner de la foi le proconsul. Alors Saul, appelé aussi Paul, rempli du Saint Esprit, fixa les regards sur lui, et dit: "Homme plein de toute espèce de ruse et de fraude, fils du diable, ennemi de toute justice, ne cesseras-tu point de pervertir les voies droites du Seigneur? Maintenant voici, la main du Seigneur est sur toi, tu seras aveugle, et pour un temps tu ne verras pas le soleil". Aussitôt l'obscurité et les ténèbres tombèrent sur lui, et il cherchait, en tâtonnant, des personnes pour le guider. Alors le proconsul, voyant ce qui était arrivé, crut, étant frappé par la doctrine du Seigneur» *(Actes 13,5-12).*

«Und als sie in Salamis waren, verkündigten sie das Wort Gottes in den Synagogen der Juden. Sie hatten aber auch Johannes zum Diener. Als sie aber die ganze Insel bis Paphos durchzogen hatten, fanden sie einen Mann, einen Magier, einen falschen Propheten, einen Juden, mit Namen Bar-Jesus, der bei dem Prokonsul Sergius Paulus war, einem verständigen Mann. Dieser rief Barnabas und Saulus herbei und begehrte das Wort Gottes zu hören. Elymas aber, der Zauberer - denn so wird sein Name übersetzt -, widerstand ihnen und suchte den Prokonsul vom Glauben abwendig zu machen. Saulus aber, der auch Paulus [heißt], blickte, mit Heiligem Geist erfüllt, fest auf ihn hin und sprach: "O du, voll aller List und aller Bosheit, Sohn des Teufels, Feind aller Gerechtigkeit! Willst du nicht aufhören, die geraden Wege des Herrn zu verkehren? Und jetzt siehe, die Hand des Herrn ist auf dir! Und du wirst blind sein und die Sonne eine Zeitlang nicht sehen". Und sogleich fiel Dunkel und Finsternis auf ihn; und er tappte umher und suchte solche, die ihn an der Hand leiteten. Dann, als der Prokonsul sah, was geschehen war, glaubte er, erstaunt über die Lehre des Herrn» *(Apostelgeschichte 13,5-12).*

«Al llegar a Salamina, Pablo y Bernabé, predicaron la palabra de Dios en las sinagogas de los judíos. Tenían también a Juan como ayudante. Recorrieron toda la isla hasta Pafos. Allí se encontraron con un hechicero, un falso profeta judío llamado Barjesús, que estaba con el gobernador Sergio Paulo. El gobernador, hombre inteligente, mandó llamar a Bernabé y a Saulo, en un esfuerzo por escuchar la palabra de Dios. Pero Elimas el hechicero - que es lo que significa su nombre - se les oponía y procuraba apartar de la fe al gobernador. Entonces Saulo, o sea Pablo, lleno del Espíritu Santo, clavó los ojos en Elimas y le dijo: "¡Hijo del diablo y enemigo de toda justicia, lleno de todo tipo de engaño y de fraude! ¿Nunca dejarás de torcer los caminos rectos del Señor? Ahora la mano del Señor está contra ti; vas a quedarte ciego y por algún tiempo no podrás ver la luz del sol". Al instante cayeron sobre él sombra y oscuridad, y comenzó a buscar a tientas quien lo llevara de la mano. Al ver lo sucedido, el gobernador creyó, maravillado de la enseñanza acerca del Señor» *(Hechos 13,5-12).*

SEDAVERVNT
TVRBAS NE SIBI
IMMOLARENT

Trattennero le folle dall'offrire loro sacrifici (At 14,18)
They kept the crowd from offering sacrifices to them
Ils empêchèrent les foules de leur offrir un sacrifice
Sie beruhigten mit Mühe die Volksmengen, daß sie ihnen nicht opferten
Tratarón la multitud de ofrecer a ellos sacrificios

10 Paolo e Barnaba a Listra

Paul and Barnabas in Lystra
Paul et Barnabé à Lystres
Paulus und Barnabas in Lystra
Pablo y Bernabé en Listra

«C'era a Listra un uomo paralizzato alle gambe, storpio sin dalla nascita, che non aveva mai camminato. Egli ascoltava il discorso di Paolo e questi, fissandolo con lo sguardo e notando che aveva fede di esser risanato, disse a gran voce: "Alzati diritto in piedi!". Egli fece un balzo e si mise a camminare. La gente allora, al vedere ciò che Paolo aveva fatto, esclamò in dialetto licaonio e disse: "Gli dèi sono scesi tra di noi in figura umana!". E chiamavano Barnaba Zeus e Paolo Hermes, perché era lui il più eloquente. Intanto il sacerdote di Zeus, il cui tempio era all'ingresso della città, recando alle porte tori e corone, voleva offrire un sacrificio insieme alla folla. Sentendo ciò, gli apostoli Barnaba e Paolo si strapparono le vesti e si precipitarono tra la folla, gridando: "Cittadini, perché fate questo? Anche noi siamo esseri umani, mortali come voi, e vi predichiamo di convertirvi da queste vanità al Dio vivente che ha fatto il cielo, la terra, il mare e tutte le cose che in essi si trovano. Egli, nelle generazioni passate, ha lasciato che ogni popolo seguisse la sua strada; ma non ha cessato di dar prova di sé beneficando, concedendovi dal cielo piogge e stagioni ricche di frutti, fornendovi il cibo e riempiendo di letizia i vostri cuori". E così dicendo, riuscirono a fatica a far desistere la folla dall'offrire loro un sacrificio» *(Atti 14,8-18).*

Mariani Cesare[17]

«In Lystra there sat a man crippled in his feet, who was lame from birth and had never walked. He listened to Paul as he was speaking. Paul looked directly at him, saw that he had faith to be healed and called out, "Stand up on your feet!" At that, the man jumped up and began to walk. When the crowd saw what Paul had done, they shouted in the Lycaonian language, "The gods have come down to us in human form!" Barnabas they called Zeus, and Paul they called Hermes because he was the chief speaker. The priest of Zeus, whose temple was just outside the city, brought bulls and wreaths to the city gates because he and the crowd wanted to offer sacrifices to them. But when the apostles Barnabas and Paul heard of this, they tore their clothes and rushed out into the crowd, shouting: "Men, why are you doing this? We too are only men, human like you. We are bringing you good news, telling you to turn from these worthless things to the living God, who made heaven and earth and sea and everything in them. In the past, he let all nations go their own way. Yet he has not left himself without testimony: He has shown kindness by giving you rain from heaven and crops in their seasons; he provides you with plenty of food and fills your hearts with joy". Even with these words, they had difficulty keeping the crowd from sacrificing to them» *(Acts 14:8-18)*.

«A Lystres, se tenait assis un homme impotent des pieds, boiteux de naissance, et qui n'avait jamais marché. Il écoutait parler Paul. Et Paul, fixant les regards sur lui et voyant qu'il avait la foi pour être guéri, dit d'une voix forte: "Lève-toi droit sur tes pieds". Et il se leva d'un bond et marcha. A la vue de ce que Paul avait fait, la foule éleva la voix, et dit en langue lycaonienne: "Les dieux sous une forme humaine sont descendus vers nous". Ils appelaient Barnabé Jupiter, et Paul Mercure, parce que c'était lui qui portait la parole. Le prêtre de Jupiter, dont le temple était à l'entrée de la ville, amena des taureaux avec des bandelettes vers les portes, et voulait, de même que la foule, offrir un sacrifice. Informés de la chose, les apôtres Barnabé et Paul déchirèrent leurs vêtements et se précipitèrent au milieu de la foule, en s'écriant: "O hommes, pourquoi agissez-vous de la sorte? Nous aussi, nous sommes des hommes de la même nature que vous; et, vous apportant une bonne nouvelle, nous vous exhortons à renoncer à ces choses vaines, pour vous tourner vers le Dieu vivant, qui a fait le ciel, la terre, la mer, et tout ce qui s'y trouve. Dans les générations passées, il a laissé toutes les nations suivre leurs voies; quoiqu'il n'ait cessé de rendre témoignage de ce qu'il est, en faisant du bien, en vous dispensant du ciel les pluies et les saisons fertiles, en vous donnant la nourriture avec abondance et en remplissant vos cœurs de joie". A peine purent-ils, par ces paroles, empêcher la foule de leur offrir un sacrifice» *(Actes 14,8-18)*.

«Und ein Mann in Lystra saß da, kraftlos an den Füßen, lahm von seiner Mutter Leib an, der niemals umhergegangen war. Dieser hörte Paulus reden; als der ihn fest anblickte und sah, daß er Glauben hatte, geheilt zu werden, sprach er mit lauter Stimme: "Stelle dich gerade hin auf deine Füße!" Und er sprang auf und ging umher. Als die Volksmengen aber sahen, was Paulus tat, erhoben sie ihre Stimme und sagten auf lykaonisch: "Die Götter sind den Menschen gleich geworden und sind zu uns herabgekommen". Und sie nannten den Barnabas Zeus, den Paulus aber Hermes, weil er das Wort führte. Der Priester des Zeus[tempels] aber, der vor der Stadt war, brachte Stiere und Kränze an die Tore und wollte mit den Volksmengen opfern. Als aber die Apostel Barnabas und Paulus es hörten, zerrissen sie ihre Kleider, sprangen hinaus unter die Volksmenge und riefen und sprachen: "Männer, warum tut ihr dies? Auch wir sind Menschen von gleichen Empfindungen wie ihr und verkündigen euch, daß ihr euch von diesen nichtigen [Götzen] bekehren sollt zu dem lebendigen Gott, der den Himmel und die Erde und das Meer gemacht hat und alles, was in ihnen ist. Er ließ in den vergangenen Geschlechtern alle Nationen in ihren eigenen Wegen gehen, obwohl er sich doch nicht unbezeugt gelassen hat, indem er Gutes tat und euch vom Himmel Regen und fruchtbare Zeiten gab und eure Herzen mit Speise und Fröhlichkeit erfüllte". Und als sie dies sagten, beruhigten sie mit Mühe die Volksmengen, daß sie ihnen nicht opferten» *(Apostelgeschichte 14,8-18)*.

«En Listra vivía un hombre lisiado de nacimiento, que no podía mover las piernas y nunca había caminado. Estaba sentado, escuchando a Pablo, quien al reparar en él y ver que tenía fe para ser sanado, le ordenó con voz fuerte: "¡Ponte en pie y enderézate!" El hombre dio un salto y empezó a caminar. Al ver lo que Pablo había hecho, la gente comenzó a gritar en el idioma de Licaonia: "¡Los dioses han tomado forma humana y han venido a visitarnos!" A Bernabé lo llamaban Zeus, y a Pablo, Hermes, porque era el que dirigía la palabra. El sacerdote de Zeus, el dios cuyo templo estaba a las afueras de la ciudad, llevó toros y guirnaldas a las puertas y, con toda la multitud, quería ofrecerles sacrificios. Al enterarse de esto los apóstoles Bernabé y Pablo, se rasgaron la ropa y se lanzaron por entre la multitud, gritando: "Señores, ¿por qué hacen esto? Nosotros también somos hombres mortales como ustedes. Las buenas nuevas que les anunciamos es que dejen estas cosas sin valor y se vuelvan al Dios viviente, que hizo el cielo, la tierra, el mar y todo lo que hay en ellos. En épocas pasadas él permitió que todas las naciones siguieran su propio camino. Sin embargo, no ha dejado de dar testimonio de sí mismo haciendo el bien, dándoles lluvias del cielo y estaciones fructíferas, proporcionándoles comida y alegría de corazón". A pesar de todo lo que dijeron, a duras penas evitaron que la multitud les ofreciera sacrificios» *(Hechos 14,8-18)*.

TRAXERVNT
EXTRA CIVITATEM
EXISTIMANTES
MORTVVM ESSE

Lo trascinarono fuori della città, credendolo morto (At 14,19)
They dragged him outside the city, thinking him to be dead
On l'entraîna hors de la ville, le croyant mort
Sie schleiften ihn zur Stadt hinaus, da sie ihn tot glaubten
Lo trasladarón fuera de la ciudad, creyendolo muerto

MARIANI CESARE[18]

11 Lapidazione di Paolo a Listra

The stoning of Paul in Lystra

Lapidation de Paul à Lystres

Steinigung von Paulus in Lystra

Lapidación de Pablo en Listra

«Giunsero da Antiochia e da Icònio alcuni Giudei, i quali trassero dalla loro parte la folla; essi presero Paolo a sassate e quindi lo trascinarono fuori della città, credendolo morto. Allora gli si fecero attorno i discepoli ed egli, alzatosi, entrò in città» *(Atti 14,19-20).*

«Then some Jews came from Antioch and Iconium and won the crowd over. They stoned Paul and dragged him outside the city, thinking he was dead. But after the disciples had gathered around him, he got up and went back into the city» *(Acts 14:19-20).*

«Alors survinrent d'Antioche et d'Icone des Juifs qui gagnèrent la foule, et qui, après avoir lapidé Paul, le traînèrent hors de la ville, pensant qu'il était mort. Mais, les disciples l'ayant entouré, il se leva, et entra dans la ville» *(Actes 14,19-20).*

«Es kamen aber aus Antiochia und Ikonion Juden an, und nachdem sie die Volksmengen überredet und Paulus gesteinigt hatten, schleiften sie ihn zur Stadt hinaus, da sie meinten, er sei gestorben. Als aber die Jünger ihn umringten, stand er auf und ging in die Stadt hinein» *(Apostelgeschichte 14,19-20).*

«En eso llegarón de Antioquía y de Iconio unos judíos que hicieron cambiar de parecer a la multitud. Apedrearon a Pablo y lo arrastraron fuera de la ciudad, creyendo que estaba muerto. Pero cuando lo rodearon los discípulos, él se levantó y volvió a entrar en la ciudad» *(Hechos 14,19-20).*

IN TROADE VISIO PER NOCTEM OSTENSA EST

A Troade nella notte ebbe la visione (At 16,9)
The vision in the night was to Troas
A Troas, pendant la nuit, Paul eut une vision
In Troas hatte er nachts eine Vision
En Troade en la noche tuvo una visión

Cochetti Luigi[19]

12 Visione di Paolo a Troade

Paul's vision in Troas

Vision de Paul à Troas

Vision des Paulus in Troas

Visión de Pablo en Tróade

«Attraversata la Misia, Paolo e Barnaba discesero a Troade. Durante la notte apparve a Paolo una visione: gli stava davanti un Macedone e lo supplicava: "Passa in Macedonia e aiutaci!". Dopo che ebbe avuto questa visione, subito cercammo di partire per la Macedonia, ritenendo che Dio ci aveva chiamati ad annunziarvi la parola del Signore» *(Atti 16,8-10)*.

«During the night Paul had a vision of a man of Macedonia standing and begging him, "Come over to Macedonia and help us." After Paul had seen the vision, we got ready at once to leave for Macedonia, concluding that God had called us to preach the gospel to them» *(Acts 16:8-10)*.

«Pendant la nuit, Paul eut une vision : un Macédonien lui apparut, et lui fit cette prière: "Passe en Macédoine, secours-nous !". Après cette vision de Paul, nous cherchâmes aussitôt à nous rendre en Macédoine, concluant que le Seigneur nous appelait à y annoncer la bonne nouvelle» *(Actes 16,8-10)*.

«So durchwanderten sie Mysien und kamen nach Troas hinab. Und es erschien dem Paulus in der Nacht ein Gesicht: Ein mazedonischer Mann stand da und bat ihn: "Komm herüber nach Mazedonien und hilf uns!" Als er aber das Gesicht gesehen hatte, suchten wir sogleich nach Mazedonien abzureisen, da wir schlossen, daß Gott uns gerufen habe, ihnen das Evangelium zu verkündigen» *(Apostelgeschichte 16,8-10)*.

«Atravesaron Misia, Pablo y Bernabé y bajarón a Tróade. Durante la noche Pablo tuvo una visión en la que un hombre de Macedonia, puesto de pie, le rogaba: "¡Pasa a Macedonia y ayúdanos!". Después de que Pablo tuvo la visión, en seguida nos preparamos para partir hacia Macedonia, convencidos de que Dios nos había llamado a anunciar el evangelio a los macedonios» *(Hechos 16,8-10)*.

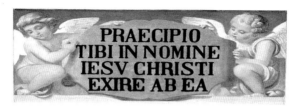

PRAECIPIO TIBI IN NOMINE IESV CHRISTI EXIRE AB EA

In nome di Gesù Cristo ti ordino di uscire da lei (At 16,18)
In the name of Jesus Christ, I order you to come out of her
Je t'ordonne au nom de Jésus-Christ de sortir d'elle
Im Namen Jesu Christi gebiete ich dir, von ihr auszufahren
En nombre de Jesucristo te ordeno de salir de ella

Cochetti Luigi[20]

13 Paolo a Filippi libera una fanciulla dal demonio

Paul exorcises a young girl in Philippi

Paul à Philippes délivre une fillette du démon

Paulus befreit in Philippi ein Mädchen vom Dämon

Pablo en Filipos libera a una joven del demonio

«Salpati da Troade, facemmo vela verso Samotrània e il giorno dopo verso Neàpoli e di qui a Filippi. Mentre andavamo alla preghiera, venne verso di noi una giovane schiava, che aveva uno spirito di divinazione e procurava molto guadagno ai suoi padroni facendo l'indovina. Essa seguiva Paolo e noi, gridando: "Questi uomini sono servi del Dio Altissimo e vi annunziano la via della salvezza". Questo fece per molti giorni finché Paolo, mal sopportando la cosa, si volse e disse allo spirito: "In nome di Gesù Cristo ti ordino di partire da lei". E lo spirito partì all'istante» *(Atti 16,11.16-18)*.

«Once when we were going to the place of prayer, we were met by a slave girl who had a spirit by which she predicted the future. She earned a great deal of money for her owners by fortune-telling. This girl followed Paul and the rest of us, shouting, "These men are servants of the Most High God, who are telling you the way to be saved". She kept this up for many days. Finally Paul became so troubled that he turned around and said to the spirit, "In the name of Jesus Christ I command you to come out of her!" At that moment the spirit left her» *(Acts 16:11.16-18)*.

«Comme nous allions au lieu de prière, une servante qui avait un esprit de Python, et qui, en devinant, procurait un grand profit à ses maîtres, vint au-devant de nous, et se mit à nous suivre, Paul et nous. Elle criait: "Ces hommes sont les serviteurs du Dieu Très Haut, et ils vous annoncent la voie du salut". Elle fit cela pendant plusieurs jours. Paul fatigué se retourna, et dit à l'esprit: "Je t'ordonne, au nom de Jésus Christ, de sortir d'elle". Et il sortit à l'heure même» *(Actes 16,11.16-18)*.

«So brachen wir von Troas auf und fuhren auf dem kürzesten Weg nach Samothrake und am folgenden Tag nach Neapolis. Es geschah aber, als wir zur Gebetsstätte gingen, daß uns eine Magd begegnete, die einen Wahrsagergeist hatte; sie brachte ihren Herren großen Gewinn durch Wahrsagen. Diese folgte dem Paulus und uns nach und schrie und sprach: "Diese Menschen sind Knechte Gottes, des Höchsten, die euch den Weg des Heils verkündigen". Dies aber tat sie viele Tage. Paulus aber wurde unwillig, wandte sich um und sprach zu dem Geist: "Ich gebiete dir im Namen Jesu Christi, von ihr auszufahren!" Und er fuhr aus zu derselben Stunde» *(Apostelgeschichte 16,11.16-18)*.

«Nos embarcamos en Tróade y fuimos derechos a Samotracia, y al día siguiente a Neápolis de allí a Filipos, cuando íbamos al lugar de oración, nos salió al encuentro una joven esclava que tenía un espíritu de adivinación. Con sus poderes ganaba mucho dinero para sus amos. Nos seguía a Pablo y a nosotros, gritando: "Estos hombres son siervos del Dios Altísimo, y les anuncian a ustedes el camino de salvación". Así continuó durante muchos días. Por fin Pablo se molestó tanto que se volvió y reprendió al espíritu: "¡En el nombre de Jesucristo, te ordeno que salgas de ella!" Y en aquel mismo momento el espíritu la dejó» *(Hechos 16,11.16-18)*.

SCISSIS
TVNICIS
EORVM
VIRGIS
CAESI SVNT

Strappati loro i vestiti, furono bastonati (At 16,23)
After having their garments torn, they were beaten
Une fois leurs vêtements arrachés, ils furent roués de coups
Sie rissen ihnen die Kleider herab und schlugen sie mit Ruten
Les arrancarón las ropas y fuerón azotados

Morani Vincenzo[21]

14 *Paolo e Sila flagellati a Filippi*

Paul and Silas are flogged in Philippi

Paul et Silas flagellés à Philippes

Paulus und Silas werden in Philippi gegeißelt

Pablo y Sila son azotados en Filipos

«Vedendo i padroni *(della fanciulla indovina liberata dal demonio)* che era partita anche la speranza del loro guadagno, presero Paolo e Sila e li trascinarono nella piazza principale davanti ai capi della città; presentandoli ai magistrati dissero: "Questi uomini gettano il disordine nella nostra città; sono Giudei e predicano usanze che a noi Romani non è lecito accogliere né praticare". La folla allora insorse contro di loro, mentre i magistrati, fatti strappare loro i vestiti, ordinarono di bastonarli e dopo averli caricati di colpi, li gettarono in prigione e ordinarono al carceriere di far buona guardia. Egli, ricevuto quest'ordine, li gettò nella cella più interna della prigione e strinse i loro piedi nei ceppi» *(Atti 16,19-24)*.

«When the owners of the slave girl realized that their hope of making money was gone, they seized Paul and Silas and dragged them into the marketplace to face the authorities. They brought them before the magistrates and said, "These men are Jews, and are throwing our city into an uproar by advocating customs unlawful for us Romans to accept or practice". The crowd joined in the attack against Paul and Silas, and the magistrates ordered them to be stripped and beaten. After they had been severely flogged, they were thrown into prison, and the jailer was commanded to guard them carefully. Upon receiving such orders, he put them in the inner cell and fastened their feet in the stocks» *(Acts 16:19-24)*.

«Les maîtres de la servante *(qui avait un esprit divinatoire)*, voyant disparaître l'espoir de leur gain, se saisirent de Paul et de Silas, et les traînèrent sur la place publique devant les magistrats. Ils les présentèrent aux préteurs, en disant: "Ces hommes troublent notre ville; ce sont des Juifs, qui annoncent des coutumes qu'il ne nous est permis ni de recevoir ni de suivre, à nous qui sommes Romains". La foule se souleva aussi contre eux, et les préteurs, ayant fait arracher leurs vêtements, ordonnèrent qu'on les battît de verges. Après qu'on les eût chargés de coups, ils les jetèrent en prison, en recommandant au geôlier de les garder sûrement. Le geôlier, ayant reçu cet ordre, les jeta dans la prison intérieure, et leur mit les ceps aux pieds» *(Actes 16,19-24)*.

«Als aber ihre Herren sahen, daß die Hoffnung auf ihren Gewinn *(des wahrsagenden Mädches, das vom Dämon befreit war)* dahin war, griffen sie Paulus und Silas und schleppten sie auf den Markt zu den Vorstehern. Und sie führten sie zu den Hauptleuten und sprachen: "Diese Menschen, die Juden sind, verwirren ganz und gar unsere Stadt und verkündigen Gebräuche, die anzunehmen oder auszuüben uns nicht erlaubt ist, da wir Römer sind". Und die Volksmenge erhob sich zugleich gegen sie, und die Hauptleute rissen ihnen die Kleider ab und befahlen, sie mit Ruten zu schlagen. Und als sie ihnen viele Schläge gegeben hatten, warfen sie sie ins Gefängnis und befahlen dem Kerkermeister, sie sicher zu verwahren. Dieser warf sie, als er solchen Befehl empfangen hatte, in das innere Gefängnis und befestigte ihre Füße im Block» *(Apostelgeschichte 16,19-24)*.

«Cuando los amos *(de la joven adivina liberada del demonio)* se dieron cuenta de que se les había esfumado la esperanza de ganar dinero, echaron mano a Pablo y a Silas y los arrastraron a la plaza, ante las autoridades. Los presentaron ante los magistrados y dijeron: "Estos hombres son judíos, y están alborotando a nuestra ciudad, enseñando costumbres que a los romanos se nos prohíbe admitir o practicar". Entonces la multitud se amotinó contra Pablo y Silas, y los magistrados mandaron que les arrancaran la ropa y los azotaran. Después de darles muchos golpes, los echaron en la cárcel, y ordenaron al carcelero que los custodiara con la mayor seguridad. Al recibir tal orden, éste los metió en el calabozo interior y les sujetó los pies en el cepo» *(Hechos 16,19-24)*.

CREDE.IN.DEVM ET.SALVVS ERIS.TV.ET DOMVS.TVA

Credi in Dio e sarai salvo tu e la tua famiglia (At 16,31)
Believe in God and you will be saved and your family
Crois au Seigneur Jésus et tu seras sauvé
Glaube an Gott, und du und dein Haus werden errettet werden
Si crees en Dios seréis salvado tú y tu familia

15 Paolo converte il carceriere di Filippi

Paul converts the Jailer in Philippi
Paul convertit son geôlier à Philippes
Paulus bekehrt die Gefängniswärter in Philippi
Pablo convierte al carcelero de Filipos

«Verso mezzanotte Paolo e Sila, in preghiera, cantavano inni a Dio, mentre i carcerati stavano ad ascoltarli. D'improvviso venne un terremoto così forte che furono scosse le fondamenta della prigione; subito tutte le porte si aprirono e si sciolsero le catene di tutti. Il carceriere si svegliò e vedendo aperte le porte della prigione, tirò fuori la spada per uccidersi, pensando che i prigionieri fossero fuggiti. Ma Paolo gli gridò forte: "Non farti del male, siamo tutti qui". Quegli allora chiese un lume, si precipitò dentro e tremando si gettò ai piedi di Paolo e Sila; poi li condusse fuori e disse: "Signori, cosa devo fare per esser salvato?". Risposero: "Credi nel Signore Gesù e sarai salvato tu e la tua famiglia". E annunziarono la parola del Signore a lui e a tutti quelli della sua casa, egli prese allora in disparte a quella medesima ora della notte, ne lavò le piaghe e subito si fece battezzare con tutti i suoi; poi li fece salire in casa, apparecchiò la tavola e fu pieno di gioia insieme a tutti i suoi per aver creduto in Dio» *(Atti 16,25-34)*.

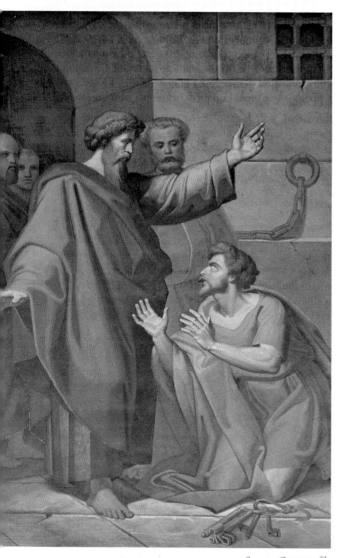

SERENI GIUSEPPE[22]

«About midnight Paul and Silas were praying and singing hymns to God, and the other prisoners were listening to them. Suddenly there was such a violent earthquake that the foundations of the prison were shaken. At once all the prison doors flew open, and everybody's chains came loose. The jailer woke up, and when he saw the prison doors open, he drew his sword and was about to kill himself because he thought the prisoners had escaped. But Paul shouted, "Don't harm yourself! We are all here!" The jailer called for lights, rushed in and fell trembling before Paul and Silas. He then brought them out and asked, "Sirs, what must I do to be saved?" They replied, "Believe in the Lord Jesus, and you will be saved you and your household". Then they spoke the word of the Lord to him and to all the others in his house» *(Acts 16:25-34)*.

«Vers le milieu de la nuit, Paul et Silas priaient et chantaient les louanges de Dieu, et les prisonniers les entendaient. Tout à coup il se fit un grand tremblement de terre, en sorte que les fondements de la prison furent ébranlés; au même instant, toutes les portes s'ouvrirent, et les liens de tous les prisonniers furent rompus. Le geôlier se réveilla, et, lorsqu'il vit les portes de la prison ouvertes, il tira son épée et allait se tuer, pensant que les prisonniers s'étaient enfuis. Mais Paul cria d'une voix forte: "Ne te fais point de mal, nous sommes tous ici".. Alors le geôlier, ayant demandé de la lumière, entra précipitamment, et se jeta tout tremblant aux pieds de Paul et de Silas; il les fit sortir, et dit: "Seigneurs, que faut-il que je fasse pour être sauvé ?". Paul et Silas répondirent: "Crois au Seigneur Jésus, et tu seras sauvé, toi et ta famille". Et ils lui annoncèrent la parole du Seigneur, ainsi qu'à tous ceux qui étaient dans sa maison» *(Actes 16,25-34)*.

«Um Mitternacht aber beteten Paulus und Silas und lobsangen Gott; und die Plötzlich aber geschah ein großes Erdbeben, so daß die Grundfesten des Gefängnisses erschüttert wurden; und sofort öffneten sich alle Türen, und aller Fesseln lösten sich. Als aber der der Kerkermeister aus dem Schlaf aufwachte und die Türen des Gefängnisses geöffnet sah, zog er das Schwert und wollte sich umbringen, da er meinte, die Gefangenen seien entflohen. Paulus aber rief mit lauter Stimme und sprach: "Tu dir kein Leid an, denn wir sind alle hier". Er aber forderte Licht und sprang hinein; und zitternd fiel er vor Paulus und Silas nieder. Und er führte sie heraus und sprach: "Ihr Herren, was muß ich tun, daß ich errettet werde?" Sie aber sprachen: "Glaube an den Herrn Jesus, und du wirst errettet werden, du und dein Haus". Und sie redeten das Wort des Herrn zu ihm samt allen, die in seinem Haus waren. Und sie verkündeten ihm und allen in seinem Haus das Wort Gottes. Er nahm sie in jener Nachtstunde bei sich auf, wusch ihre Striemen und ließ sich sogleich mit allen seinen Angehörigen taufen. Dann führte er sie in seine Wohnung hinauf, ließ den Tisch decken und war mit seinem ganzen Haus voll Freude, weil er zum Glauben an Gott gekommen war» *(Apostelgeschichte 16,25-34)*.

«A eso de la medianoche, Pablo y Silas se pusieron a orar y a cantar himnos a Dios, y los otros presos los escuchaban. De repente se produjo un terremoto tan fuerte que la cárcel se estremeció hasta sus cimientos. Al instante se abrieron todas las puertas y a los presos se les soltaron las cadenas. El carcelero despertó y, al ver las puertas de la cárcel de par en par, sacó la espada y estuvo a punto de matarse, porque pensaba que los presos se habían escapado. Pero Pablo le gritó: "¡No te hagas ningún daño! ¡Todos estamos aquí!" El carcelero pidió luz, entró precipitadamente y se echó temblando a los pies de Pablo y de Silas. Luego los sacó y les preguntó: "Señores, ¿qué tengo que hacer para ser salvo?", "Cree en el Señor Jesús; así tú y tu familia serán salvos", le contestaron. Luego les expusieron la palabra de Dios a él y a todos los demás que estaban en su casa» *(Hechos 16,25-34)*.

QVOD . IGNORANTES
COLITIS
HOC . EGO
ANNVNTIO . VOBIS

Vi annunzio quello che adorate senza conoscere (At 17,23)
I announce to you the one you are worshiping without knowing it
Je vous l'annonce, ce que vous adorez sans le connaître
Was ihr, ohne es zu kennen, verehrt, das verkündige ich euch
Les anuncio aquello que adoran sin conocer

16 Discorso di Paolo all'areopago di Atene

Paul's speech in the Aeropagus of Athens
Discours de Paul à l'aréopage d'Athènes
Rede des Paulus auf dem Areopag von Athen
Discurso de Pablo en el Areógapo de Atenas

«Paolo, alzatosi in mezzo all'Areopago, disse: "Cittadini ateniesi, vedo che in tutto siete molto timorati degli dèi. Passando infatti e osservando i monumenti del vostro culto, ho trovato anche un'ara con l'iscrizione: 'Al Dio ignoto'. Quello che voi adorate senza conoscere, io ve lo annunzio. Il Dio che ha fatto il mondo e tutto ciò che contiene, che è signore del cielo e della terra, non dimora in templi costruiti dalle mani dell'uomo né dalle mani dell'uomo si lascia servire come se avesse bisogno di qualche cosa, essendo lui che dà a tutti la vita e il respiro e ogni cosa. Egli creò da uno solo tutte le nazioni degli uomini, perché abitassero su tutta la faccia della terra. Per essi ha stabilito l'ordine dei tempi e i confini del loro spazio, perché cercassero Dio, se mai arrivino a trovarlo andando come a tentoni, benché non sia lontano da ciascuno di noi. In lui infatti viviamo, ci muoviamo ed esistiamo, come anche alcuni dei vostri poeti hanno detto: 'Poiché di lui stirpe noi siamo'. Essendo noi dunque stirpe di Dio, non dobbiamo pensare che la divinità sia simile all'oro, all'argento e alla pietra, che porti l'impronta dell'arte e dell'immaginazione umana. Dopo esser passato sopra ai tempi dell'ignoranza, ora Dio ordina a tutti gli uomini di tutti i luoghi di ravvedersi, poiché egli ha stabilito un giorno nel quale dovrà giudicare la terra con giustizia per mezzo di un uomo che egli ha designato, dandone a tutti prova sicura col risuscitarlo dai morti"» *(Atti 17,22-31).*

PIANELLO GIOVANNI BATTISTA[23]

«Paul then stood up in the meeting of the Areopagus and said: "Men of Athens! I see that in every way you are very religious. For as I walked around and looked carefully at your objects of worship. I even found an altar with this inscription: 'To an unknown God.' Now what you worship as something unknown I am going to proclaim to you. The God who made the world and everything in it is the Lord of heaven and earth and does not live in temples built by hands. And he is not served by human hands, as if he needed anything, because he himself gives all men life and breath and everything else. From one man he made every nation of men, that they should inhabit the whole earth; and he determined the times set for them and the exact places where they should live. God did this so that men would seek him and perhaps reach out for him and find him, though he is not far from each one of us. For in him we live and move and have our being. As some of your own poets have said, 'We are his offspring.' Therefore since we are God's offspring, we should not think that the divine being is like gold or silver or stone, an image made by man's design and skill. In the past God overlooked such ignorance, but now he commands all people everywhere to repent. For he has set a day when he will judge the world with justice by the man he has appointed. He has given proof of this to all men by raising him from the dead"» *(Acts 17:22-31)*.

«Paul, debout au milieu de l'Aréopage, dit: "Hommes Athéniens, je vous trouve à tous égards extrêmement religieux. Car, en parcourant votre ville et en considérant les objets de votre dévotion, j'ai même découvert un autel avec cette inscription: 'A un Dieu inconnu!' Ce que vous révérez sans le connaître, c'est ce que je vous annonce. Le Dieu qui a fait le monde et tout ce qui s'y trouve, étant le Seigneur du ciel et de la terre, n'habite point dans des temples faits de main d'homme; il n'est point servi par des mains humaines, comme s'il avait besoin de quoi que ce soit, lui qui donne à tous la vie, la respiration, et toutes choses. Il a fait que tous les hommes, sortis d'un seul sang, habitassent sur toute la surface de la terre, ayant déterminé la durée des temps et les bornes de leur demeure ; il a voulu qu'ils cherchassent le Seigneur, et qu'ils s'efforçassent de le trouver en tâtonnant, bien qu'il ne soit pas loin de chacun de nous, car en lui nous avons la vie, le mouvement, et l'être. C'est ce qu'ont dit aussi quelques-uns de vos poètes: 'De lui nous sommes la race.' Ainsi donc, étant la race de Dieu, nous ne devons pas croire que la divinité soit semblable à de l'or, à de l'argent, ou à de la pierre, sculptés par l'art et l'industrie de l'homme. Dieu, sans tenir compte des temps d'ignorance, annonce maintenant à tous les hommes, en tous lieux, qu'ils ont à se repentir, parce qu'il a fixé un jour où il jugera le monde selon la justice, par l'homme qu'il a désigné, ce dont il a donné à tous une preuve certaine en le ressuscitant des morts"» *(Actes 17,22-31)*.

«Paulus aber stand mitten auf dem Areopag und sprach: "Männer von Athen, ich sehe, daß ihr in jeder Beziehung den Göttern sehr ergeben seid. Denn als ich umherging und eure Heiligtümer betrachtete, fand ich auch einen Altar, an dem die Aufschrift war: 'Einem unbekannten Gott.' Was ihr nun, ohne es zu kennen, verehrt, das verkündige ich euch. Der Gott, der die Welt gemacht hat und alles, was darin ist, er, der Herr des Himmels und der Erde, wohnt nicht in Tempeln, die mit Händen gemacht sind, noch wird er von Menschenhänden bedient, als wenn er noch etwas nötig hätte, da er selbst allen Leben und Odem und alles gibt. Und er hat aus Einem jede Nation der Menschen gemacht, daß sie auf dem ganzen Erdboden wohnen, indem er festgesetzte Zeiten und die Grenzen ihrer Wohnung bestimmt hat, daß sie Gott suchen, ob sie ihn wohl tastend fühlen und finden möchten, obgleich er nicht fern ist von jedem von uns. Denn in ihm leben und weben und sind wir, wie auch einige eurer Dichter gesagt haben: 'Denn wir sind auch sein Geschlecht. Da wir nun Gottes Geschlecht sind, sollen wir nicht meinen, daß das Göttliche dem Gold und Silber oder Stein, einem Gebilde der Kunst und der Erfindung des Menschen, gleich sei. Nachdem nun Gott die Zeiten der Unwissenheit übersehen hat, gebietet er jetzt den Menschen, daß sie alle überall Buße tun sollen, weil er einen Tag gesetzt hat, an dem er den Erdkreis richten wird in Gerechtigkeit durch einen Mann, den er [dazu] bestimmt hat, und er hat allen dadurch den Beweis gegeben, daß er ihn auferweckt hat aus den Toten"» *(Apostelgeschichte 17,22-31)*.

«Pablo se puso en medio del Areópago y tomó la palabra: "¡Ciudadanos atenienses! Observo que ustedes son sumamente religiosos en todo lo que hacen. Al pasar y fijarme en sus lugares sagrados, encontré incluso un altar con esta inscripción: 'Aun Dios desconocido.' Pues bien, eso que ustedes adoran como algo desconocido es lo que yo les anuncio. El Dios que hizo el mundo y todo lo que hay en él es Señor del cielo y de la tierra. No vive en templos construidos por hombres, ni se deja servir por manos humanas, como si necesitara de algo. Por el contrario, él es quien da a todos la vida, el aliento y todas las cosas. De un solo hombre hizo todas las naciones para que habitaran toda la tierra; y determinó los períodos de su historia y las fronteras de sus territorios. Esto lo hizo Dios para que todos lo busquen y, aunque sea a tientas, lo encuentren. En verdad, él no está lejos de ninguno de nosotros, puesto que en él vivimos, nos movemos y existimos. Como algunos de sus propios poetas griegos han dicho: 'De él somos descendientes.' Por tanto, siendo descendientes de Dios, no debemos pensar que la divinidad sea como el oro, la plata o la piedra: escultura hecha como resultado del ingenio y de la destreza del ser humano. Pues bien, Dios pasó por alto aquellos tiempos de tal ignorancia, pero ahora manda a todos, en todas partes, que se arrepientan. Él ha fijado un día en que juzgará al mundo con justicia, por medio del hombre que ha designado. De ello ha dado pruebas a todos al levantarlo de entre los muertos"» *(Hechos 17,22-31)*.

MANEBAT
IN.CORINTHO
APVD.AQVILAM
ET.PRISCILLAM

A Corinto alloggiò presso Aquila e Priscilla (At 18,3)
At Corinth I stayed with Aquila and Priscilla
A Corinthe, il logea chez Aquilas et Priscille
In Korinth wohnte er bei Aquila und Priscilla
En corintios alojo con Aequila y Priscila

Tojetti Domenico[24]

17 *Paolo a Corinto*

Paul in Corinth

Paul à Corinthe

Paulus in Korinth

Pablo en Corinto

«Dopo questi fatti Paolo lasciò Atene e si recò a Corinto. Qui trovò un Giudeo chiamato Aquila, oriundo del Ponto, arrivato poco prima dall'Italia con la moglie Priscilla, in seguito all'ordine di Claudio che allontanava da Roma tutti i Giudei. Paolo si recò da loro e poiché erano del medesimo mestiere, si stabilì nella loro casa e lavorava. Erano infatti di mestiere fabbricatori di tende. Ogni sabato poi discuteva nella sinagoga e cercava di persuadere Giudei e Greci» *(Atti 18,1-4)*.

«After this, Paul left Athens and went to Corinth. There he met a Jew named Aquila, a native of Pontus, who had recently come from Italy with his wife Priscilla, because Claudius had ordered all the Jews to leave Rome. Paul went to see them, and because he was a tentmaker as they were, he stayed and worked with them. Every Sabbath he reasoned in the synagogue, trying to persuade Jews and Greeks» *(Acts 18:1-4)*.

«Après cela, Paul partit d'Athènes, et se rendit à Corinthe. Il y trouva un Juif nommé Aquilas, originaire du Pont, récemment arrivé d'Italie avec sa femme Priscille, parce que Claude avait ordonné à tous les Juifs de sortir de Rome. Il se lia avec eux ; et, comme il avait le même métier, il demeura chez eux et y travailla: ils étaient faiseurs de tentes. Paul discourait dans la synagogue chaque sabbat, et il persuadait des Juifs et des Grecs» *(Actes 18,1-4)*.

«Danach schied er von Athen und kam nach Korinth. Und er fand einen Juden namens Aquila, aus Pontus gebürtig, der kürzlich aus Italien gekommen war, und Priscilla, seine Frau, weil Klaudius befohlen hatte, daß alle Juden sich aus Rom entfernen sollten. Er ging zu ihnen, und weil er gleichen Handwerks war, blieb er bei ihnen und arbeitete; denn sie waren Zeltmacher ihres Handwerks. Er unterredete sich aber in der Synagoge an jedem Sabbat und überzeugte Juden und Griechen» *(Apostelgeschichte 18,1-4)*.

«Después de esto, Pablo se marchó de Atenas y se fue a Corinto. Allí se encontró con un judío llamado Aquila, natural del Ponto, y con su esposa Priscila. Hacía poco habían llegado de Italia, porque Claudio había mandado que todos los judíos fueran expulsados de Roma. Pablo fue a verlos y, como hacía tiendas de campaña al igual que ellos, se quedó para que trabajaran juntos. Todos los sábados discutía en la sinagoga, tratando de persuadir a judíos y a griegos» *(Hechos 18,1-4)*.

CONTVLERVNT LIBROS ET COMBVSSERVNT CORAM OMNIBVS

Ammucchiavano i libri e li bruciavano in presenza di tutti (At 19,19)
They piled up the books and burned them in the presence of everyone
Ils apportaient leurs livres et les brûlaient en présence de tous
Sie trugen ihre Bücher zusammen und verbrannten sie vor allen
Amontonaban los libros, y los quemarón en presencia de todos

De Rossi Casimiro[25]

18 *Gli Efesini si convertono e bruciano i loro libri*

The converted Ephesians burn their scrolls

Les Ephésiens se convertissent et brûlent leurs livres

Die Epheser bekehren sich und verbrennen ihre Bücher

Los Efesios se convierten y queman sus libros

«Mentre Apollo era a Corinto, Paolo, attraversate le regioni dell'altopiano, giunse a Efeso… Dio intanto operava prodigi non comuni per opera di Paolo, al punto che si mettevano sopra i malati fazzoletti o grembiuli che erano stati a contatto con lui e le malattie cessavano e gli spiriti cattivi fuggivano… Molti di quelli che avevano abbracciato la fede venivano a confessare in pubblico le loro pratiche magiche e un numero considerevole di persone che avevano esercitato le arti magiche portavano i propri libri e li bruciavano alla vista di tutti. Ne fu calcolato il valore complessivo e trovarono che era di cinquantamila dramme d'argento» *(Atti 19,1.11-12.18-19).*

«While Apollos was at Corinth, Paul took the road through the interior and arrived at Ephesus… God did extraordinary miracles through Paul, so that even handkerchiefs and aprons that had touched him were taken to the sick, and their illnesses were cured and the evil spirits left them… Many of those who believed now came and openly confessed their evil deeds. A number who had practiced sorcery brought their scrolls together and burned them publicly. When they calculated the value of the scrolls, the total came to fifty thousand drachmas» *(Acts 19:1.11-12.18-19).*

«Pendant qu'Apollos était à Corinthe, Paul, après avoir parcouru les hautes provinces de l'Asie, arriva à Éphèse… Et Dieu faisait des miracles extraordinaires par les mains de Paul, au point qu'on appliquait sur les malades des linges ou des mouchoirs qui avaient touché son corps, et les maladies les quittaient, et les esprits malins sortaient… Plusieurs de ceux qui avaient cru venaient confesser et déclarer ce qu'ils avaient fait. Et un certain nombre de ceux qui avaient exercé les arts magiques, ayant apporté leurs livres, les brûlèrent devant tout le monde: on en estima la valeur à cinquante mille pièces d'argent» *(Actes 19,1.11-12.18-19).*

«Es geschah aber, während Apollos in Korinth war, daß Paulus, nachdem er die höher gelegenen Gegenden durchzogen hatte, nach Ephesus kam… Und er fand einige Jünger. Und ungewöhnliche Wunderwerke tat Gott durch die Hände des Paulus, so daß man sogar Schweißtücher oder Schurze von seinem Leib weg auf die Kranken legte und die Krankheiten von ihnen wichen und die bösen Geister ausfuhren… Viele aber von denen, die gläubig geworden waren, kamen und bekannten und gestanden ihre Taten. Viele aber von denen, die vorwitzige Künste getrieben hatten, trugen die Bücher zusammen und verbrannten sie vor allen; und sie berechneten ihren Wert und kamen auf fünfzigtausend Silberdrachmen» *(Apostelgeschichte 19,1.11-12.18-19).*

«Mientras Apolos estaba en Corinto, Pablo recorrió las regiones del interior y llegó a Éfeso… Dios hacía milagros extraordinarios por medio de Pablo, a tal grado que a los enfermos les llevaban pañuelos y delantales que habían tocado el cuerpo de Pablo, y quedaban sanos de sus enfermedades y los espíritus malignos salían de ellos… Muchos de los que habían creído llegaban ahora y confesaban públicamente sus prácticas malvadas. Un buen número de los que practicaban la hechicería juntaron sus libros en un montón y los quemaron delante de todos. Cuando calcularon el precio de aquellos libros, resultó un total de cincuenta mil monedas de plata» *(Hechos 19.1.11-12.18-19).*

NOLITE
TVRBARI ANIMA
ENIM IPSIVS IN
IPSO EST

Non turbatevi, perché la sua anima è in lui (At 20,10)
Do not be troubled, he is alive
Ne vous agitez pas, son âme est en lui
Macht keinen Lärm, denn seine Seele ist in ihm
No se allarmen, porque su alma está en él

19 A Troade Paolo resuscita il giovane Eutico

In TroasPaul brings the young Eutychus back to Life

A Troas Paul ressuscite le jeune Eutyque

In Troas erweckt Paulus den jungen Eutyches wieder zum Leben

En Troade Pablo resucita al joven Eutico

«A Troade il primo giorno della settimana ci eravamo riuniti a spezzare il pane e Paolo conversava con loro; e poiché doveva partire il giorno dopo, prolungò la conversazione fino a mezzanotte. C'era un buon numero di lampade nella stanza al piano superiore, dove eravamo riuniti; un ragazzo chiamato Eutico, che stava seduto sulla finestra, fu preso da un sonno profondo mentre Paolo continuava a conversare e, sopraffatto dal sonno, cadde dal terzo piano e venne raccolto morto. Paolo allora scese giù, si gettò su di lui, lo abbracciò e disse: "Non vi turbate; è ancora in vita!". Poi risalì, spezzò il pane e ne mangiò e dopo aver parlato ancora molto fino all'alba, partì. Intanto avevano ricondotto il ragazzo vivo, e si sentirono molto consolati» *(Atti 20,7-12).*

CARTA NATALE[26]

«In Troas, on the first day of the week we came together to break bread. Paul spoke to the people and, because he intended to leave the next day, kept on talking until midnight. There were many lamps in the upstairs room where we were meeting. Seated in a window was a young man named Eutychus, who was sinking into a deep sleep as Paul talked on and on. When he was sound asleep, he fell to the ground from the third story and was picked up dead. Paul went down, threw himself on the young man and put his arms around him. "Don't be alarmed," he said. "He's alive!" Then he went upstairs again and broke bread and ate. After talking until daylight, he left. The people took the young man home alive and were greatly comforted» *(Acts 20:7-12)*.

«Le premier jour de la semaine, à Troas nous étions réunis pour rompre le pain. Paul, qui devait partir le lendemain, s'entretenait avec les disciples, et il prolongea son discours jusqu'à minuit. Il y avait beaucoup de lampes dans la chambre haute où nous étions assemblés. Or, un jeune homme nommé Eutyque, qui était assis sur la fenêtre, s'endormit profondément pendant le long discours de Paul; entraîné par le sommeil, il tomba du troisième étage en bas, et il fut relevé mort. Mais Paul, étant descendu, se pencha sur lui et le prit dans ses bras, en disant: "Ne vous troublez pas, car son âme est en lui. Quand il fut remonté, il rompit le pain et mangea, et il parla longtemps encore jusqu'au jour". Après quoi il partit. Le jeune homme fut ramené vivant, et ce fut le sujet d'une grande consolation» *(Actes 20,7-12)*.

«Am ersten Tag der Woche aber, als wir versammelt waren, um Brot zu brechen, unterredete sich Paulus mit ihnen, da er am folgenden Tag abreisen wollte; und er zog das Wort hinaus bis Mitternacht. Es waren aber viele Lampen in dem Obersaal, wo wir versammelt waren. Ein junger Mann aber mit Namen Eutychus saß im Fenster und wurde von tiefem Schlaf überwältigt, während Paulus noch weiterredete; und vom Schlaf überwältigt, fiel er vom dritten Stock hinunter und wurde tot aufgehoben. Paulus aber ging hinab und warf sich über ihn, und ihn umfassend sagte er: "Macht keinen Lärm, denn seine Seele ist in ihm". Und als er hinaufgestiegen war und das Brot gebrochen und gegessen und lange bis zum Anbruch des Tages geredet hatte, reiste er so ab. Sie brachten aber den Knaben lebend und wurden nicht wenig getröstet» *(Apostelgeschichte 20,7-12)*.

«En Troade el primer día de la semana nos reunimos para partir el pan. Como iba a salir al día siguiente, Pablo estuvo hablando a los creyentes, y prolongó su discurso hasta la medianoche. En el cuarto del piso superior donde estábamos reunidos había muchas lámparas. Un joven llamado Eutico, que estaba sentado en una ventana, comenzó a dormirse mientras Pablo alargaba su discurso. Cuando se quedó profundamente dormido, se cayó desde el tercer piso y lo recogieron muerto. Pablo bajó, se echó sobre el joven y lo abrazó. "¡No se alarmen!, les dijo, está vivo!" Luego volvió a subir, partió el pan y comió. Siguió hablando hasta el amanecer, y entonces se fue. Al joven se lo llevaron vivo a su casa, para gran consuelo de todos El primer día de la semana nos reunimos para partir el pan. Como iba a salir al día siguiente, Pablo estuvo hablando a los creyentes, y prolongó su discurso hasta la medianoche» *(Hechos 20,7-12)*.

PROCVMBENTES
SVPER COLLVM
PAVLI
OSCVLABANTVR

Gettandosi al collo di Paolo, lo baciavano (At 20,37)
Throwing his arms around Paul's neck, he kissed him
Se jetant au cou de Paul, ils l'embrassaient
Und sie fielen Paulus um den Hals und küssten ihn
Arrojàndose al cuello de Pablo, lo besaban

20 L'addio agli anziani di Efeso

Paul's farewell to the Ephesian elders

Adieux aux anciens d'Ephèse

Der Abschied von den Ältesten in Ephesus

Adios a los ancianos de Efeso

«Da Milèto mandò a chiamare subito ad Efeso gli anziani della Chiesa. Quando essi giunsero disse loro: "Voi sapete come mi sono comportato con voi fin dal primo giorno in cui arrivai in Asia e per tutto questo tempo: ho servito il Signore con tutta umiltà, tra le lacrime e tra le prove che mi hanno procurato le insidie dei Giudei. Sapete come non mi sono mai sottratto a ciò che poteva essere utile, al fine di predicare a voi e di istruirvi in pubblico e nelle vostre case, scongiurando Giudei e Greci di convertirsi a Dio e di credere nel Signore nostro Gesù. Ed ecco ora, avvinto dallo Spirito, io vado a Gerusalemme senza sapere ciò che là mi accadrà. So soltanto che lo Spirito Santo in ogni città mi attesta che mi attendono catene e tribolazioni. Non ritengo tuttavia la mia vita meritevole di nulla, purché conduca a termine la mia corsa e il servizio che mi fu affidato dal Signore Gesù, di rendere testimonianza al messaggio della grazia di Dio. Ecco, ora so che non vedrete più il mio volto, voi tutti tra i quali sono passato annunziando il regno di Dio. Per questo dichiaro solennemente oggi davanti a voi che io sono senza colpa riguardo a coloro che si perdessero, perché non mi sono sottratto al compito di annunziarvi tutta la volontà di Dio. Vegliate su voi stessi e su tutto il gregge, in mezzo al quale lo Spirito Santo vi ha posti come vescovi a pascere la Chiesa di Dio, che egli si è acquistata con il suo sangue. Io so che dopo la mia partenza entreranno fra voi lupi rapaci, che non risparmieranno il gregge; perfino di mezzo a voi sorgeranno alcuni a insegnare dottrine perverse per attirare discepoli dietro di sé. Per questo vigilate, ricordando che per tre anni, notte e giorno, io non ho cessato di esortare fra le lacrime ciascuno di voi. Ed ora vi affido al Signore e alla parola della sua grazia che ha il potere di edificare e di concedere l'eredità con tutti i santificati. Non ho desiderato né argento, né oro, né la veste di nessuno. Voi sapete che alle necessità mie e di quelli che erano con me hanno provveduto queste mie mani. In tutte le maniere vi ho dimostrato che lavorando così si devono soccorrere i deboli, ricordandoci delle parole del Signore Gesù, che disse: 'Vi è più gioia nel dare che nel ricevere!'". Detto questo, si inginocchiò con tutti loro e pregò. Tutti scoppiarono in un gran pianto e gettandosi al collo di Paolo lo baciavano, addolorati soprattutto perché aveva detto che non avrebbero più rivisto il suo volto. E lo accompagnarono fino alla nave» (*Atti* 20,17-38).

Sozzi Marcello[27]

«From Miletus, Paul sent to Ephesus for the elders of the church. When they arrived, he said to them: "You know how I lived the whole time I was with you, from the first day I came into the province of Asia. I served the Lord with great humility and with tears, although I was severely tested by the plots of the Jews. You know that I have not hesitated to preach anything that would be helpful to you but have taught you publicly and from house to house. I have declared to both Jews and Greeks that they must turn to God in repentance and have faith in our Lord Jesus. And now, compelled by the Spirit, I am going to Jerusalem, not knowing what will happen to me there. I only know that in every city the Holy Spirit warns me that prison and hardships are facing me. However, I consider my life worth nothing to me, if only I may finish the race and complete the task the Lord Jesus has given me, the task of testifying to the gospel of God's grace. Now I know that none of you among whom I have gone about preaching the kingdom will ever see me again. Therefore, I declare to you today that I am innocent of the blood of all men. For I have not hesitated to proclaim to you the whole will of God. Keep watch over yourselves and all the flock of which the Holy Spirit has made you overseers. Be shepherds of the church of God, which he bought with his own blood. I know that after I leave, savage wolves will come in among you and will not spare the flock. Even from your own number men will arise and distort the truth in order to draw away disciples after them. So be on your guard! Remember that for three years I never stopped warning each of you night and day with tears. Now I commit you to God and to the word of his grace, which can build you up and give you an inheritance among all those who are sanctified. I have not coveted anyone's silver or gold or clothing. You yourselves know that these hands of mine have supplied my own needs and the needs of my companions. In everything I did, I showed you that by this kind of hard work we must help the weak, remembering the words the Lord Jesus himself said: 'It is more blessed to give than to receive! When he had said this, he knelt down with all of them and prayed. They all wept as they embraced him and kissed him. What grieved them most was his statement that they would never see his face again. Then they accompanied him to the ship» (*Acts* 20:17-38).

«De Milet Paul envoya chercher à Éphèse les anciens de l'Église. Lorsqu'ils furent arrivés vers lui, il leur dit: "Vous savez de quelle manière, depuis le premier jour où je suis entré en Asie, je me suis sans cesse conduit avec vous, servant le Seigneur en toute humilité, avec larmes, et au milieu des épreuves que me suscitaient les embûches des Juifs. Vous savez que je n'ai rien caché de ce qui vous était utile, et que je n'ai pas craint de vous prêcher et de vous enseigner publiquement et dans les maisons, annonçant aux Juifs et aux Grecs la repentance envers Dieu et la foi en notre Seigneur Jésus Christ. Et maintenant voici, lié par l'Esprit, je vais à Jérusalem, ne sachant pas ce qui m'y arrivera; seulement, de ville en ville, l'Esprit Saint m'avertit que des liens et des tribulations m'attendent. Mais je ne fais pour moi-même aucun cas de ma vie, comme si elle m'était précieuse, pourvu que j'accomplisse ma course avec joie, et le ministère que j'ai reçu du Seigneur Jésus, d'annoncer la bonne nouvelle de la grâce de Dieu. Et maintenant voici, je sais que vous ne verrez plus mon visage, vous tous au milieu desquels j'ai passé en prêchant le royaume de Dieu. C'est pourquoi je vous déclare aujourd'hui que je suis pur du sang de vous tous, car je vous ai annoncé tout le conseil de Dieu, sans en rien cacher. Prenez donc garde à vous-mêmes, et à tout le troupeau sur lequel le Saint Esprit vous a établis évêques, pour paître l'Église du Seigneur, qu'il s'est acquise par son propre sang. Je sais qu'il s'introduira parmi vous, après mon départ, des loups cruels qui n'épargneront pas le troupeau, et qu'il s'élèvera du milieu de vous des hommes qui enseigneront des choses pernicieuses, pour entraîner les disciples après eux. Veillez donc, vous souvenant que, durant trois années, je n'ai cessé nuit et jour d'exhorter avec larmes chacun de vous. Et maintenant je vous recommande à Dieu et à la parole de sa grâce, à celui qui peut édifier et donner l'héritage avec tous les sanctifiés. Je n'ai désiré ni l'argent, ni l'or, ni les vêtements de personne. Vous savez vous-mêmes que ces mains ont pourvu à mes besoins et à ceux des personnes qui étaient avec moi. Je vous ai montré de toutes manières que c'est en travaillant ainsi qu'il faut soutenir les faibles, et se rappeler les paroles du Seigneur, qui a dit lui-même: 'Il y a plus de bonheur à donner qu'à recevoir'". Après avoir ainsi parlé, il se mit à genoux, et il pria avec eux tous. Et tous fondirent en larmes, et, se jetant au cou de Paul, ils l'embrassaient, affligés surtout de ce qu'il avait dit qu'ils ne verraient plus son visage. Et ils l'accompagnèrent jusqu'au navire» (*Actes* 20, 17-38).

«Paulus von Milet aber sandte er nach Ephesus und rief die Ältesten der Gemeinde herüber. Als sie aber zu ihm gekommen waren, sprach er zu ihnen: „ Ihr wißt, wie ich vom ersten Tag an, da ich nach Asien kam, die ganze Zeit bei euch gewesen bin und dem Herrn diente mit aller Demut und unter Tränen und Versuchungen, die mir durch die Nachstellungen der Juden widerfuhren; wie ich nichts zurückgehalten habe von dem, was nützlich ist, daß ich es euch nicht verkündigt und euch gelehrt hätte, öffentlich und in den Häusern, da ich sowohl Juden als Griechen die Buße zu Gott und den Glauben an unseren Herrn Jesus Christus bezeugte. Und nun siehe, gebunden im Geist, gehe ich nach Jerusalem und weiß nicht, was mir dort begegnen wird, außer daß der Heilige Geist mir von Stadt zu Stadt bezeugt und sagt, daß Fesseln und Drangsale auf mich warten. Aber ich achte mein Leben nicht der Rede wert, damit ich meinen Lauf vollende und den Dienst, den ich von dem Herrn Jesus empfangen habe: das Evangelium der Gnade Gottes zu bezeugen. Und nun siehe, ich weiß, daß ihr alle, unter denen ich umhergegangen bin und das Reich gepredigt habe, mein Angesicht nicht mehr sehen werdet. Deshalb bezeuge ich euch am heutigen Tag, daß ich rein bin vom Blut aller; denn ich habe nicht zurückgehalten, euch den ganzen Ratschluß Gottes zu verkündigen. Habt acht auf euch selbst und auf die ganze Herde, in welcher der Heilige Geist euch als Aufseher gesetzt hat, die Gemeinde Gottes zu hüten, die er sich erworben hat durch das Blut seines eigenen [Sohnes]. Ich weiß, daß nach meinem Abschied grausame Wölfe zu euch hereinkommen werden, die die Herde nicht verschonen, und aus eurer eigenen Mitte werden Männer aufstehen, die verkehrte Dinge reden, um die Jünger abzuziehen hinter sich her. Darum wacht und denkt daran, daß ich drei Jahre lang Nacht und Tag nicht aufgehört habe, einen jeden unter Tränen zu ermahnen. Und nun befehle ich euch Gott und dem Wort seiner Gnade, das die Kraft hat, aufzubauen und ein Erbe unter allen Geheiligten zu geben. Ich habe von niemandem Silber oder Gold oder Kleidung begehrt. Ihr selbst wißt, daß meinen Bedürfnissen und denen, die bei mir waren, diese Hände gedient haben. Ich habe euch in allem gezeigt, daß man so arbeitend sich der Schwachen annehmen und an die Worte des Herrn Jesus denken müsse, der selbst gesagt hat: ‚Geben ist seliger als Nehmen". Und als er dies gesagt hatte, kniete er nieder und betete mit ihnen allen. Es entstand aber lautes Weinen bei allen; und sie fielen Paulus um den Hals und küßten ihn zärtlich, am meisten betrübt über das Wort, das er gesagt hatte, sie würden sein Angesicht nicht mehr sehen. Sie geleiteten ihn aber zu dem Schiff» (*Apostelgeschichte*, 20,17-38).

«Pablo desde Mileto a Efeso, hizo llamar a los ancianos de la iglesia. Cuando vinieron a él, les dijo: "Vosotros sabéis cómo me he comportado entre vosotros todo el tiempo, desde el primer día que entré en Asia, sirviendo al Señor con toda humildad, y con muchas lágrimas, y pruebas que me han venido por las asechanzas de los judíos; y cómo nada que fuese útil he rehuido de anunciaros y enseñaros, públicamente y por las casas, testificando a judíos y a gentiles acerca del arrepentimiento para con Dios, y de la fe en nuestro Señor Jesucristo. Ahora, he aquí, ligado yo en espíritu, voy a Jerusalén, sin saber lo que allá me ha de acontecer; salvo que el Espíritu Santo por todas las ciudades me da testimonio, diciendo que me esperan prisiones y tribulaciones. Pero de ninguna cosa hago caso, ni estimo preciosa mi vida para mí mismo, con tal que acabe mi carrera con gozo, y el ministerio que recibí del Señor Jesús, para dar testimonio del evangelio de la gracia de Dios. Y ahora, he aquí, yo sé que ninguno de todos vosotros, entre quienes he pasado predicando el reino de Dios, verá más mi rostro. Por tanto, yo os protesto en el día de hoy, que estoy limpio de la sangre de todos; porque no he rehuido anunciaros todo el consejo de Dios. Por tanto, mirad por vosotros, y por todo el rebaño en que el Espíritu Santo os ha puesto por obispos, para apacentar la iglesia del Señor, la cual él ganó por su propia sangre. Porque yo sé que después de mi partida entrarán en medio de vosotros lobos rapaces, que no perdonarán al rebaño. Y de vosotros mismos se levantarán hombres que hablen cosas perversas para arrastrar tras sí a los discípulos. Por tanto, velad, acordándoos que por tres años, de noche y de día, no he cesado de amonestar con lágrimas a cada uno. Y ahora, hermanos, os encomiendo a Dios, y a la palabra de su gracia, que tiene poder para sobreedificaros y daros herencia con todos los santificados. Ni plata ni oro ni vestido de nadie he codiciado. Antes vosotros sabéis que lo que me ha sido necesario a mí y a los que están conmigo, estas manos me han servido. En todo os he enseñado que, trabajando así, se debe ayudar a los necesitados, y recordar las palabras del Señor Jesús, que dijo: "Más bienaventurado es dar que recibir". Cuando hubo dicho estas cosas, se puso de rodillas, y oró con todos ellos. Entonces hubo gran llanto de todos; y echándose al cuello de Pablo, le besaban, doliéndose en gran manera por la palabra que dijo, de que no verían más su rostro. Y le acompañaron al barco» (*Hechos* 20,17-38).

VIRVM . CVIVS
EST . ZONA . HAEC
SIC . ALLIGABVNT
IVDAEI

L'uomo cui appartiene questa cintura sarà legato così dai Giudei (At 21,11)
The man who owns this belt will be bound thus by the Jews
L'homme auquel appartient cette ceinture, les Juifs le lieront
Den Mann, dem dieser Gürtel gehört, werden die Juden so binden
El hombre que pertenece a está cintura está ligado asi a los judíos

21 La profezia di Agabo

The prophecy of Agabus

La prophétie d'Agabus

Die Prophezeiung des Agabus

La profecía de Ágabo

«Eravamo qui (Cesarea) da alcuni giorni, quando giunse dalla Giudea un profeta di nome Agabo. Egli venne da noi e, presa la cintura di Paolo, si legò i piedi e le mani e disse: "Questo dice lo Spirito Santo: 'l'uomo a cui appartiene questa cintura sarà legato così dai Giudei a Gerusalemme e verrà quindi consegnato nelle mani dei pagani'. All'udir queste cose, noi e quelli del luogo pregammo Paolo di non andare più a Gerusalemme. Ma Paolo rispose: "Perché fate così, continuando a piangere e a spezzarmi il cuore? Io sono pronto non soltanto a esser legato, ma a morire a Gerusalemme per il nome del Signore Gesù". E poiché non si lasciava persuadere, smettemmo di insistere dicendo: "Sia fatta la volontà del Signore!"»*(Atti 21,10-14)*.

«After we had been there (Cesarea) a number of days, a prophet named Agabus came down from Judea. Coming over to us, he took Paul's belt, tied his own hands and feet with it and said, "The Holy Spirit says: 'In this way the Jews of Jerusalem will bind the owner of this belt and will hand him over to the Gentiles.'" When we heard this, we and the people there pleaded with Paul not to go up to Jerusalem. Then Paul answered: "Why are you weeping and breaking my heart? I am ready not only to be bound, but also to die in Jerusalem for the name of the Lord Jesus". When he would not be dissuaded, we gave up and said: "The Lord's will be done"» *(Acts 21:10-14)*.

«Comme nous étions (à Césarée) depuis plusieurs jours, un prophète, nommé Agabus, descendit de Judée, et vint nous trouver. Il prit la ceinture de Paul, se lia les pieds et les mains, et dit: "Voici ce que déclare le Saint Esprit: L'homme à qui appartient cette ceinture, les Juifs le lieront de la même manière à Jérusalem, et le livreront entre les mains des païens". Quand nous entendîmes cela, nous et ceux de l'endroit, nous priâmes Paul de ne pas monter à Jérusalem. Alors il répondit: "Que faites-vous, en pleurant et en me brisant le cœur? Je suis prêt, non seulement à être lié, mais encore à mourir à Jérusalem pour le nom du Seigneur Jésus". Comme il ne se laissait pas persuader, nous n'insistâmes pas, et nous dîmes: "Que la volonté du Seigneur se fasse!"» *(Actes 21,10-14)*.

«Als wir nun mehrere Tage (in Cäsarea) blieben, kam ein Prophet mit Namen Agabus von Judäa herab. Und er kam zu uns und nahm den Gürtel des Paulus und band sich die Füße und die Hände und sprach: "Dies sagt der Heilige Geist: 'Den Mann, dem dieser Gürtel gehört, werden die Juden in Jerusalem so binden und in die Hände der Nationen überliefern'. Als wir aber dies hörten, baten sowohl wir als auch die Einheimischen, daß er nicht nach Jerusalem hinaufgehen möchte". Paulus aber antwortete: "Was macht ihr, daß ihr weint und mir das Herz brecht? Denn ich bin bereit, nicht allein gebunden zu werden, sondern auch in Jerusalem für den Namen des Herrn Jesus zu sterben". Als er sich aber nicht überreden ließ, schwiegen wir und sprachen: "Der Wille des Herrn geschehe!"» *(Apostelgeschichte 21,10-14)*.

«Estabamos (en Cesarea) varios días, cuando bajó de Judea un profeta llamado Ágabo. Éste vino a vernos y, tomando el cinturón de Pablo, se ató con él de pies y manos, y dijo: "Así dice el Espíritu Santo: 'De esta manera atarán los judíos de Jerusalén al dueño de este cinturón, y lo entregarán en manos de los gentiles.' Al oír esto, nosotros y los de aquel lugar le rogamos a Pablo que no subiera a Jerusalén. "¿Por qué lloran? ¡Me parten el alma!", respondió Pablo. "Por el nombre del Señor Jesús estoy dispuesto no sólo a ser atado sino también a morir en Jerusalén". Como no se dejaba convencer, desistimos exclamando: "¡Que se haga la voluntad del Señor!"» *(Hechos 21,10-14)*.

NARRABAT
QVAE DEVS FECISSET
PER MINISTERIVM
IPSIVS

Narrava ciò che Dio aveva fatto tramite il suo ministero (At 21,19)
He spoke of what God had done through his minister
Il se mit à exposer ce que Dieu avait fait chez les païens par son ministère
Er erzählte, was Gott unter den Nationen durch seinen Dienst getan hatte
Narrava lo que Dios había hecho por medio de su ministerio

Paul in Jerusalem
Paul à Jérusalem
Paulus in Jerusalem
Pablo en Jerusalén

«Arrivati a Gerusalemme, i fratelli ci accolsero festosamente. L'indomani Paolo fece visita a Giacomo insieme con noi: c'erano anche tutti gli anziani. Dopo aver rivolto loro il saluto, egli cominciò a esporre nei particolari quello che Dio aveva fatto tra i pagani per mezzo suo. Quand'ebbero ascoltato, essi davano gloria a Dio; quindi dissero a Paolo: "Tu vedi, o fratello, quante migliaia di Giudei sono venuti alla fede e tutti sono gelosamente attaccati alla legge. Ora hanno sentito dire di te che vai insegnando a tutti i Giudei sparsi tra i pagani che abbandonino Mosè, dicendo di non circoncidere più i loro figli e di non seguire più le nostre consuetudini. Che facciamo? Senza dubbio verranno a sapere che sei arrivato. Fà dunque quanto ti diciamo: vi sono fra noi quattro uomini che hanno un voto da sciogliere. Prendili con te, compi la purificazione insieme con loro e paga tu la spesa per loro perché possano radersi il capo. Così tutti verranno a sapere che non c'è nulla di vero in ciò di cui sono stati informati, ma che invece anche tu ti comporti bene osservando la legge. Quanto ai pagani che sono venuti alla fede, noi abbiamo deciso ed abbiamo loro scritto che si astengano dalle carni offerte agli idoli, dal sangue, da ogni animale soffocato e dalla impudicizia"» *(Atti 21,17-25).*

Dies Cesare [29]

«When we arrived at Jerusalem, the brothers received us warmly. The next day Paul and the rest of us went to see James, and all the elders were present. Paul greeted them and reported in detail what God had done among the Gentiles through his ministry. When they heard this, they praised God. Then they said to Paul: "You see, brother, how many thousands of Jews have believed, and all of them are zealous for the law. They have been informed that you teach all the Jews who live among the Gentiles to turn away from Moses, telling them not to circumcise their children or live according to our customs. What shall we do? They will certainly hear that you have come, so do what we tell you. There are four men with us who have made a vow. Take these men, join in their purification rites and pay their expenses, so that they can have their heads shaved. Then everybody will know there is no truth in these reports about you, but that you yourself are living in obedience to the law. As for the Gentile believers, we have written to them our decision that they should abstain from food sacrificed to idols, from blood, from the meat of strangled animals and from sexual immorality"» *(Acts 21:17-25).*

«Lorsque nous arrivâmes à Jérusalem, les frères nous reçurent avec joie. Le lendemain, Paul se rendit avec nous chez Jacques, et tous les anciens s'y réunirent. Après les avoir salués, il raconta en détail ce que Dieu avait fait au milieu des païens par son ministère. Quand ils l'eurent entendu, ils glorifièrent Dieu. Puis ils lui dirent: "Tu vois, frère, combien de milliers de Juifs ont cru, et tous sont zélés pour la loi. Or, ils ont appris que tu enseignes à tous les Juifs qui sont parmi les païens à renoncer à Moïse, leur disant de ne pas circoncire les enfants et de ne pas se conformer aux coutumes. Que faire donc? Sans aucun doute la multitude se rassemblera, car on saura que tu es venu. Fais donc ce que nous allons te dire. Nous avons ici quatre homme qui ont fait un vœu; prends-les avec toi, purifie-toi avec eux, et pourvois à leur dépense, afin qu'ils se rasent la tête. Et ainsi tous sauront que ce qu'ils ont entendu dire sur ton compte est faux, mais que toi aussi tu te conduis en observateur de la loi. A l'égard des païens qui ont cru, nous avons décidé et nous leur avons écrit qu'ils eussent à s'abstenir des viandes sacrifiées aux idoles, du sang, des animaux étouffés, et de l'impudicité"» *(Actes 21,17-25).*

«Als wir aber in Jerusalem angekommen waren, nahmen uns die Brüder freudig auf. Am folgenden Tag aber ging Paulus mit uns zu Jakobus, und alle Ältesten kamen dahin. Und als er sie begrüßt hatte, erzählte er eines nach dem anderen, was Gott unter den Nationen durch seinen Dienst getan hatte. Sie aber, als sie es gehört hatten, verherrlichten Gott und sprachen zu ihm: "Du siehst, Bruder, wie viele Tausende der Juden es gibt, die gläubig geworden sind, und alle sind Eiferer für das Gesetz. Es ist ihnen aber über dich berichtet worden, daß du alle Juden, die unter den Nationen sind, Abfall von Mose lehrest und sagest, sie sollen weder die Kinder beschneiden noch nach den Gebräuchen wandeln. Was nun? Jedenfalls werden sie hören, daß du gekommen bist. Tu nun dies, was wir dir sagen: Wir haben vier Männer, die ein Gelübde auf sich [genommen] haben. Diese nimm zu dir und reinige dich mit ihnen und trage die Kosten für sie, damit sie das Haupt scheren lassen; und alle werden erkennen, daß nichts an dem ist, was ihnen über dich berichtet worden ist, sondern daß du selbst auch zum Gesetz stehst und es befolgst. Was aber die Gläubigen [aus den] Nationen betrifft, so haben wir geschrieben und verfügt, daß sie sich sowohl vor dem Götzenopfer als auch vor Blut und Ersticktem und Unzucht hüten sollen"» *(Apostelgeschichte 21,17-25).*

«Cuando llegamos a Jerusalén, los creyentes nos recibieron calurosamente. Al día siguiente Pablo fue con nosotros a ver a Jacobo, y todos los ancianos estaban presentes. Después de saludarlos, Pablo les relató detalladamente lo que Dios había hecho entre los gentiles por medio de su ministerio. Al oírlo, alabaron a Dios. Luego le dijeron a Pablo: "Tú ves, hermano, cuántos miles de judíos han creído, y todos ellos siguen aferrados a la ley. Ahora bien, han oído decir que tú enseñas que se aparten de Moisés todos los judíos que viven entre los gentiles. Les recomiendas que no circunciden a sus hijos ni vivan según nuestras costumbres. ¿Qué vamos a hacer? Sin duda se van a enterar de que has llegado. Por eso, será mejor que sigas nuestro consejo. Hay aquí entre nosotros cuatro hombres que tienen que cumplir un voto. Llévatelos, toma parte en sus ritos de purificación y paga los gastos que corresponden al voto de rasurarse la cabeza. Así todos sabrán que no son ciertos esos informes acerca de ti, sino que tú también vives en obediencia a la ley. En cuanto a los creyentes gentiles, ya les hemos comunicado por escrito nuestra decisión de que se abstengan de lo sacrificado a los ídolos, de sangre, de la carne de animales estrangulados y de la inmoralidad sexual"» *(Hechos 21,17-25).*

Lo trascinarono fuori del Tempio (At 21,30)
They dragged him out of the Temple
On se mit à le traîner hors du Temple
Sie schleppten ihn aus dem Tempel
Lo arrastraron fuera del Templo

GRANDI FRANCESCO[30]

23 Paolo espulso dal Tempio

Paul is expelled from the Temple

Paul expulsé du Temple

Paulus wird aus dem Tempel von Jerusalem verstoßen

Pablo fue expulsado del Templo

«Allora Paolo prese con sé quegli uomini e il giorno seguente, fatta insieme con loro la purificazione, entrò nel tempio per comunicare il compimento dei giorni della purificazione, quando sarebbe stata presentata l'offerta per ciascuno di loro. Stavano ormai per finire i sette giorni, quando i Giudei della provincia d'Asia, vistolo nel tempio, aizzarono tutta la folla e misero le mani su di lui gridando: "Uomini d'Israele, aiuto! Questo è l'uomo che va insegnando a tutti e dovunque contro il popolo, contro la legge e contro questo luogo; ora ha introdotto perfino dei Greci nel tempio e ha profanato il luogo santo!". Avevano infatti veduto poco prima Tròfimo di Efeso in sua compagnia per la città, e pensavano che Paolo lo avesse fatto entrare nel tempio. Allora tutta la città fu in sub-buglio e il popolo accorse da ogni parte. Impadronitisi di Paolo, lo trascinarono fuori del tempio e subito furono chiuse le porte» (*Atti 21, 26-30*).

«The next day Paul took the men and purified himself along with them. Then he went to the temple to give notice of the date when the days of purification would end and the offering would be made for each of them. When the seven days were nearly over, some Jews from the province of Asia saw Paul at the temple. They stirred up the whole crowd and seized him, shouting, "Men of Israel, help us! This is the man who teaches all men everywhere against our people and our law and this place. And besides, he has brought Greeks into the temple area and defiled this holy place." They had previously seen Trophimus the Ephesian in the city with Paul and assumed that Paul had brought him into the temple area. The whole city was aroused, and the people came running from all directions. Seizing Paul, they dragged him from the temple, and immediately the gates were shut» (Acts 21:26-30).

«Alors Paul prit ces hommes, se purifia, et entra le lendemain dans le temple avec eux, pour annoncer à quel jour la purification serait accomplie et l'offrande présentée pour chacun d'eux. Sur la fin des sept jours, les Juifs d'Asie, ayant vu Paul dans le temple, soulevèrent toute la foule, et mirent la main sur lui, en criant: "Hommes Israélites, au secours! Voici l'homme qui prêche partout et à tout le monde contre le peuple, contre la loi et contre ce lieu ; il a même introduit des Grecs dans le temple, et a profané ce saint lieu". Car ils avaient vu auparavant Trophime d'Éphèse avec lui dans la ville, et ils croyaient que Paul l'avait fait entrer dans le temple. Toute la ville fut émue, et le peuple accourut de toutes parts. Ils se saisirent de Paul, et le traînèrent hors du temple, dont les portes furent aussitôt fermées» (Actes 21,26-30).

«Dann nahm Paulus die Männer zu sich, und nachdem er sich am folgenden Tag gereinigt hatte, ging er mit ihnen in den Tempel und kündigte die Erfüllung der Tage der Reinigung an, bis für einen jeden von ihnen das Opfer dargebracht war. Als aber die sieben Tage beinahe vollendet waren, sahen ihn die Juden aus Asien im Tempel und brachten die ganze Volksmenge in Aufregung und legten die Hände an ihn und schrien: "Männer von Israel, helft! Dies ist der Mensch, der alle überall lehrt gegen das Volk und das Gesetz und diese Stätte; und dazu hat er auch Griechen in den Tempel geführt und diese heilige Stätte verunreinigt". Denn sie hatten vorher den Trophimus, den Epheser, mit ihm in der Stadt gesehen, von dem sie meinten, daß Paulus ihn in den Tempel geführt habe. Und die ganze Stadt kam in Bewegung, und es entstand ein Zusammenlauf des Volkes; und sie ergriffen Paulus und schleppten ihn aus dem Tempel, und sogleich wurden die Türen geschlossen» (Apostelgeschichte 21,26-30).

«Al día siguiente Pablo se llevó a los hombres y se purificó con ellos. Luego entró en el templo para dar aviso de la fecha en que vencería el plazo de la purificación y se haría la ofrenda por cada uno de ellos. Cuando estaban a punto de cumplirse los siete días, unos judíos de la provincia de Asia vieron a Pablo en el templo. Alborotaron a toda la multitud y le echaron mano, gritando: "¡Israelitas! ¡Ayúdennos! Éste es el individuo que anda por todas partes enseñando a toda la gente contra nuestro pueblo, nuestra ley y este lugar. Además, hasta ha metido a unos griegos en el templo, y ha profanado este lugar santo". Ya antes habían visto en la ciudad a Trófimo el efesio en compañía de Pablo, y suponían que Pablo lo había metido en el templo. Toda la ciudad se alborotó. La gente se precipitó en masa, agarró a Pablo y lo sacó del templo a rastras, e inmediatamente se cerraron las puertas» (Hechos 21,26-30).

STANS IN GRADIBVS ANNVIT MANV AD PLEBEM

Stando in piedi sui gradini, fece cenno con la mano al popolo (At 21,40)
Standing on the steps, he made a gesture to the people with his hand
Paul, debout sur les degrés, fit de la main signe au peuple
Auf den Stufen stehend winkte Paulus dem Volk mit der Hand
Estando en pie sobre las gradas, hizo una señal con la mano al pueblo

24 Discorso di Paolo al popolo di Gerusalemme

Paul's speech to the people of Jerusalem

Discours de Paul au peuple de Jérusalem

Rede des Paulus vor dem Volk von Jerusalem

Discurso de Pablo al pueblo de Jerusalén

«Paolo, stando in piedi sui gradini, fece cenno con la mano al popolo e, fattosi un grande silenzio, rivolse la parola in ebraico dicendo: "Fratelli e padri, ascoltate la mia difesa davanti a voi". Quando sentirono che parlava loro in lingua ebraica, fecero silenzio ancora di più. Ed egli continuò: "Io sono un Giudeo, nato a Tarso di Cicilia, ma cresciuto in questa città, formato alla scuola di Gamalièle nelle più rigide norme della legge paterna, pieno di zelo per Dio, come oggi siete voi tutti. Io perseguitai a morte questa nuova dottrina, arrestando e gettando in prigione uomini e donne, come può darmi testimonianza il sommo sacerdote e tutto il collegio dagli anziani. Da loro ricevetti lettere per i nostri fratelli di Damasco e partii per condurre anche quelli di là come prigionieri a Gerusalemme, per essere puniti. (*Segue la narrazione della sua conversione*)... Dopo il mio ritorno a Gerusalemme, mentre pregavo nel tempio, fui rapito in estasi e vidi Lui che mi diceva: 'Affrettati ed esci presto da Gerusalemme, perché non accetteranno la tua testimonianza su di me'. E io dissi: 'Signore, essi sanno che facevo imprigionare e percuotere nella sinagoga quelli che credevano in te; quando si versava il sangue di Stefano, tuo testimone, anch'io ero presente e approvavo e custodivo i vestiti di quelli che lo uccidevano'. Allora mi disse: 'Vai, perché io ti manderò lontano, tra i pagani'"» (*Atti 21,40; 22,1-5.17-21*).

GRANDI FRANCESCO[31]

🇬🇧 «Paul stood on the steps and motioned to the crowd. When they were all silent, he said to them in Aramaic: "Brothers and fathers, listen now to my defense". When they heard him speak to them in Aramaic, they became very quiet. He then continued: "I am a Jew, from Tarsus in Cilicia, but brought up in this city at the feet of Gamaliel, educated according to the strict manner of the law of our faqthers, being zealous for God as you all are this day. I persecuted this Way to the deathj, binding and delivering to prison both men and women, as the high priest and the whole council of elders bear me witness. From them I received letters to the brethren, and I journeyed to Damascus to take those also who were there and bring them in bonds to Jerusalem to be punished. *(The account of his conversion follows)*... When I returned to Jerusalem and was praying at the temple, I fell into a trance and saw the Lord speaking. 'Quick!', he said to me, 'Leave Jerusalem immediately, because they will not accept your testimony about me.' 'Lord', I replied, these men know that I went from one synagogue to another to imprison and beat those who believe in you. And when the blood of your martyr Stephen was shed, I stood there giving my approval and guarding the clothes of those who were killing him.' Then the Lord said to me, 'Go; I will send you far away to the Gentiles'"» *(Acts 21:40;22:1-5.17-21).*

🇫🇷 «Paul, debout sur les degrés, fit de la main un signe au peuple. Alors il leur adressa la parole en langue hébraïque et leur silence se fit plus profond. "Frères, je suis Juif. Né à Tarse en Cilicie, j'ai cependant été élevé ici dans cette ville, et c'est aux pieds de Gamaliel que j'ai été formé à l'exacte observance de la Loi de nos pères, et j'étais rempli du zèle de Dieu, comme vous l'êtes aujourd'hui. J'ai persécuté à mort cette Voie, chargeant de chaînes et jetant en prison hommes et femmes, comme le grand prêtre m'en est témoin, ainsi que tout le collège des anciens. J'avais même reçu d'eux des lettres pour les frères de Damas, et je m'y rendais en vue d'amener ceux de là-bas enchaînés à Jérusalem pour y être châtiés". *(Suit le récit de sa conversion)*... Et Paul dit: "De retour à Jérusalem, comme je priais dans le temple, je fus ravi en extase, et je vis le Seigneur qui me disait: 'Hâte-toi, et sors promptement de Jérusalem, parce qu'ils ne recevront pas ton témoignage sur moi'. Et je dis: 'Seigneur, ils savent eux-mêmes que je faisais mettre en prison et battre de verges dans les synagogues ceux qui croyaient en toi, et que, lorsqu'on répandit le sang d'Étienne, ton témoin, j'étais moi-même présent, joignant mon approbation à celle des autres, et gardant les vêtements de ceux qui le faisaient mourir'. Alors il me dit: 'Va, je t'enverrai au loin vers les nations'"» *(Actes 21,40;22,1-5.17-21).*

🇩🇪 «Als er es aber erlaubt hatte, winkte Paulus, auf den Stufen stehend, dem Volk mit der Hand; nachdem aber eine große Stille eingetreten war, redete er sie in hebräischer Mundart an und sprach: "Ihr Brüder und Väter, hört jetzt meine Verantwortung vor euch! "Als sie aber hörten, daß er sie in hebräischer Mundart anredete, hielten sie noch mehr Ruhe. "Und er spricht: Und er sagte: Ich bin ein Jude, geboren in Tarsus in Zilizien, hier in dieser Stadt erzogen, zu Füßen Gamaliëls genau nach dem Gesetz der Väter ausgebildet, ein Eiferer für Gott, wie ihr alle es heute seid. Ich habe den (neuen) Weg bis auf den Tod verfolgt, habe Männer und Frauen gefesselt und in die Gefängnisse eingeliefert. Das bezeugen mir die Hohepriester und der ganze Rat der Ältesten. Von ihnen erhielt ich auch Briefe an die Brüder und zog nach Damaskus, um dort ebenfalls die Anhänger (der neuen Lehre) zu fesseln und zur Bestrafung nach Jerusalem zu bringen. *(Es folgt die Erzählung seiner Bekehrung)*... Es geschah mir aber, als ich nach Jerusalem zurückgekehrt war und im Tempel betete, daß ich in Verzückung geriet und ihn sah, der zu mir sprach: "Eile und geh schnell aus Jerusalem hinaus, denn sie werden dein Zeugnis über mich nicht annehmen". Und ich sprach: "Herr, sie selbst wissen, daß ich die an dich Glaubenden ins Gefängnis werfen und hin und her in den Synagogen schlagen ließ; und als das Blut deines Zeugen Stephanus vergossen wurde, stand auch ich dabei und willigte mit ein und verwahrte die Kleider derer, die ihn umbrachten. Und er sprach zu mir: 'Geh hin, denn ich werde dich weit weg zu den Nationen senden'"» *(Apostelgeschichte 21,40;22,1-5.17-21).*

🇪🇸 «Pablo se puso de pie en las gradas e hizo una señal con la mano a la multitud. Cuando todos guardaron silencio, les dijo en hebreo: "Padres y hermanos, escuchen ahora mi defensa". Al oír que les hablaba en hebreo, guardaron más silencio. Pablo continuó: "Yo soy un judío, nacido en Tarso de Cilicia, pero educado en esta ciudad, instruido a los pies de Gamaliel en la exacta observancia de la Ley de nuestros padres; estaba lleno de celo por Dios, como lo estáis todos vosotros el día de hoy. Yo perseguí a muerte a este Camino, encadenando y arrojando a la cárcel a hombres y mujeres, como puede atestiguármelo el sumo sacerdote y todo el consejo de lo ancianos. De ellos recibí también encadenados a Jerusalén a todos los que allí había, para que fueran castigados. *(Sigue la narración de su conversión)*... Cuando volví a Jerusalén, mientras oraba en el templo tuve una visión y vi al Señor que me hablaba: ¡Date prisa! Sal inmediatamente de Jerusalén, porque no aceptarán tu testimonio acerca de mí'. Le respondí: 'Señor, ellos saben que yo andaba de sinagoga en sinagoga encarcelando y azotando a los que creen en ti; y cuando se derramaba la sangre de tu testigo Esteban, ahí estaba yo, dando mi aprobación y cuidando la ropa de quienes lo mataban'. Pero el Señor me replicó: 'Vete; yo te enviaré lejos, a los gentiles'"» *(Hechos 21,40;22,1-5.17-21).*

HOMINEM ROMANVM ET INDEMNATVM LICET VORIS FLAGELLARE

Vi è lecito flagellare un cittadino romano e non ancora giudicato? (At 22,25)

Is it lawful to scourge a Roman citizen not yet judged?

Un citoyen romain, qui n'a même pas été jugé, vous est-il permis de lui appliquer le fouet?

Ist es euch erlaubt, einen Römer zu geißeln, der noch nicht verurteilt ist?

¿Les está permitido azotar a un ciudadano romano sin haberle juzgado?

25 Paolo cittadino romano

Paul a roman citizen

Paul citoyen romain

Paulus römischer Bürger

Pablo ciudadano romano

«Il tribuno ordinò di portare Paolo nella fortezza, prescrivendo di interrogarlo a colpi di flagello al fine di sapere per quale motivo gli gridavano contro in tal modo. Ma quando l'ebbero legato con le cinghie, Paolo disse al centurione che gli stava accanto: "Potete voi flagellare un cittadino romano, non ancora giudicato?". Udito ciò, il centurione corse a riferire al tribuno: "Che cosa stai per fare? Quell'uomo è un romano!". Allora il tribuno si recò da Paolo e gli domandò: "Dimmi, tu sei cittadino romano?". Rispose: "Sì". Replicò il tribuno: "Io questa cittadinanza l'ho acquistata a caro prezzo". Paolo disse: "Io, invece, lo sono di nascita!". E subito si allontanarono da lui quelli che dovevano interrogarlo. Anche il tribuno ebbe paura, rendendosi conto che Paolo era cittadino romano e che lui lo aveva messo in catene» *(Atti 24,22-29).*

CARTA NATALE[32]

«The commander ordered Paul to be taken into the barracks. He directed that he be flogged and questioned in order to find out why the people were shouting at him like this. As they stretched him out to flog him, Paul said to the centurion standing there, "Is it legal for you to flog a Roman citizen who hasn't even been found guilty?" When the centurion heard this, he went to the commander and reported it. "What are you going to do?" he asked. "This man is a Roman citizen." The commander went to Paul and asked, "Tell me, are you a Roman citizen?" "Yes, I am," he answered. Then the commander said, "I had to pay a big price for my citizenship." "But I was born a citizen," Paul replied. So those who were about to examine him withdrew instantly; and the tribune also was afraid, for he realized that Paul was a Roman citizen and that he had bound him» *(Acts 24: 22-29)*.

«Le tribun commanda de faire entrer Paul dans la forteresse, et de lui donner la question par le fouet, afin de savoir pour quel motif ils criaient ainsi contre lui. Lorsqu'on l'eut exposé au fouet, Paul dit au centurion qui était présent: "Vous est-il permis de battre de verges un citoyen romain, qui n'est pas même condamné?". A ces mots, le centurion alla vers le tribun pour l'avertir, disant: "Que vas-tu faire? Cet homme est Romain". Et le tribun, étant venu, dit à Paul: "Dis-moi, es-tu Romain?". "Oui", répondit-il. Le tribun reprit: "C'est avec beaucoup d'argent que j'ai acquis ce droit de citoyen". "Et moi, je l'ai par ma naissance "dit Paul. Aussitôt ceux qui allaient le mettre à la question s'écartèrent de lui et le tribun lui-même eut peur, sachant que c'était un citoyen romain qu'il avait chargé de chaînes» *(Actes 24,22-29)*.

«Da befahl der Oberste, ihn ins Lager zu bringen, und sagte, man solle ihn mit Geißelhieben ausforschen, damit er erfahre, um welcher Ursache willen sie so gegen ihn schrien. Hauptmann, der dastand: Ist es euch erlaubt, einen Menschen, [der] Römer [ist], zu geißeln, und zwar unverurteilt? Als es aber der Hauptmann hörte, ging er hin und meldete dem Obersten und sprach: Was hast du vor zu tun? Denn dieser Mensch ist ein Römer. Der Oberste aber kam herbei und sprach zu ihm: "Sage mir, bist du ein Römer?" Er aber sprach: "Ja. Und der Oberste antwortete: Ich habe für eine große Summe dieses Bürgerrecht erworben". Paulus sprach: "Ich aber bin sogar [darin] geboren". Sofort ließen die, die ihn verhören sollten von ihm ab. Und der Oberst erschrak, als er erfuhr, daß es ein Römer war, den er hatte fesseln lassen». *(Apostelgeschichte 24,22-29)*.

«El comandante ordenó que metieran a Pablo en el cuartel. Mandó que lo interrogaran a latigazos con el fin de averiguar por qué gritaban así contra él. Cuando lo estaban sujetando con cadenas para azotarlo, Pablo le dijo al centurión que estaba allí: ¿Permite la ley que ustedes azoten a un ciudadano romano antes de ser juzgado? Al oír esto, el centurión fue y avisó al comandante. ¿Qué va a hacer usted? Resulta que ese hombre es ciudadano romano. El comandante se acercó a Pablo y le dijo: "Dime, ¿eres ciudadano romano?". "Sí, lo soy". "A mí me costó una fortuna adquirir mi ciudadanía", le dijo el comandante. "Pues yo la tengo de nacimiento", replicó Pablo. Al instante los que iban a interrogarlo para hacerlo hablar se fueron. Y el comandante tuvo miedo, al darse cuenta de que era romano y que lo había encadenado» *(Hechos 24,22-29)*.

CONSTANS . ESTO
SIC . TE . OPORTET
ET . ROMAE
TESTIFICARI

Coraggio! Così occorre che tu mi renda testimonianza anche a Roma (At 23,11)
Courage! It is necessary that you bear witness to me also in Rome
Courage ! Ainsi faut-il que tu témoignes encore à Rome
Sei guten Mutes! So mußt du mir auch in Rom zeugen
¡Animo! Así ocurre que tu me rindas testimonio también en Roma

BARTOLINI DOMENICO[33]

26 Visione di Paolo a Gerusalemme

Paul's vision in Jerusalem

Vision de Paul à Jérusalem

Vision des Paulus in Jerusalem

Visión de Pablo en Jerusalén

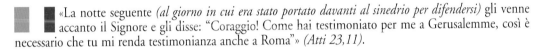

«La notte seguente *(al giorno in cui era stato portato davanti al sinedrio per difendersi)* gli venne accanto il Signore e gli disse: "Coraggio! Come hai testimoniato per me a Gerusalemme, così è necessario che tu mi renda testimonianza anche a Roma"» *(Atti 23,11)*.

«The following night *(on the day he was brought before the Sanhedrin to defend himself)* the Lord stood near Paul and said, "Take courage! As you have testified about me in Jerusalem, so you must also testify in Rome"» *(Acts 23,11)*.

«La nuit suivante *(après qu'il eût été porté devant le sanhédrin pour se défendre)* le Seigneur apparut à Paul, et dit: "Prends courage; car, de même que tu as rendu témoignage de moi dans Jérusalem, il faut aussi que tu rendes témoignage dans Rome"» *(Actes 23,11)*.

«In der folgenden Nacht *(des Tages, als er vor den Rat gebracht worden war, um sich zu verantworten)* aber stand der Herr bei ihm und sprach: "Sei guten Mutes! Denn wie du meine Sache in Jerusalem bezeugt hast, so mußt du auch in Rom zeugen"» *(Apostelgeschichte 23,11)*.

«A la noche siguiente *(el día en que era estado llevado delante del sanedrín para defenderse)*, el Señor se apareció a Pablo, y le dijo: "¡Ánimo! Así como has dado testimonio de mí en Jerusalén, es necesario que lo des también en Roma"» *(Hechos 23,11)*.

AVDIAM . TE.
CVM
ACCVSATORES . TVI
VENERINT

Ti ascolterò quando verranno i tuoi accusatori (At 23,35)
I shall listen when your accusers come
Je t'entendrai quand tes accusateurs seront arrivés
Wenn deine Ankläger kommen, werde ich eure Sache entscheiden
Te oiré cuando estén también presente tus acusadores

27 *Paolo davanti a Felice a Cesarea*

Paul before Felix in Caesarea
Paul devant Félix à Césarée
Paulus vor Felix in Cäsarea
Pablo delante de Félix en Cesarea

«(Felice) domandò a Paolo di quale provincia fosse, e saputo che era della Cilicia, disse: "Ti ascolterò quando verranno i tuoi accusatori..." *(Dopo aver ascoltato le accuse dei Giudei e la difesa di Paolo),* Felice, governatore romano, che era assai bene informato circa la nuova dottrina, li rimandò dicendo: "Quando verrà il tribuno Lisia, esaminerò il vostro caso". E ordinò al centurione di tenere Paolo sotto custodia, concedendogli però una certa libertà e senza impedire a nessuno dei suoi amici di dargli assistenza. Dopo alcuni giorni Felice arrivò in compagnia della moglie Drusilla, che era giudea; fatto chiamare Paolo, lo ascoltava intorno alla fede in Cristo Gesù. Ma quando egli si mise a parlare di giustizia, di continenza e del giudizio futuro, Felice si spaventò e disse: "Per il momento puoi andare; ti farò chiamare di nuovo quando ne avrò il tempo". Sperava frattanto che Paolo gli avrebbe dato del denaro; per questo abbastanza spesso lo faceva chiamare e conversava con lui. Trascorsi due anni, Felice ebbe come successore Porcio Festo; ma Felice, volendo dimostrare benevolenza verso i Giudei, lasciò Paolo in prigione» *(Atti, 23,34-35; 24,22-27).*

BARTOLINI DOMENICO[34]

«When he (Felix) learned that Paul was from Cilicia, he said, "I will hear you when your accusers arrive". *(After hearing the accusations of the Jews and Paul's defense)*, Felix, having a rather accurate knowledge of the Way, put them off, saying, "When Lysias the tribune comes down, I will decide your case". Then he gave orders to the centurion that he should be kept in custody but should have some liberty, and that none of his friends should be prevented from attending to his needs. Several days later Felix came with his wife Drusilla, who was a Jewess. He sent for Paul and listened to him as he spoke about faith in Christ Jesus. As Paul discoursed on righteousness, self-control and the judgment to come, Felix was afraid and said, "That's enough for now! You may leave. When I find it convenient, I will send for you". At the same time he was hoping that Paul would offer him a bribe, so he sent for him frequently and talked with him. But when two years had elapsed, Felix was succeeded by Porcius Festus; and desiring to do the Jews a favour, Felix left Paul in prison» *(Acts 23:34-35; 24:24-27)*.

«(Félix) demanda à Paul de quelle province il était. Apprenant qu'il était de Cilicie: "Je t'entendrai – dit-il – quand tes accusateurs seront arrivés" *(Après avoir écouté les accusations des Juifs et la défense de Paul)*, Félix, qui était fort exactement informé sur ce qui concerne la Voie, les ajourna en disant: "Dès que le tribun Lysias sera descendu, je statuerai sur votre affaire". Il prescrivit au centurion de garder Paul prisonnier, mais de lui laisser quelques facilités et de n'empêcher aucun des siens de lui rendre service. Quelques jours après, Félix vint avec Drusille, sa femme, qui était Juive, et il fit appeler Paul. Il l'entendit sur la foi au Christ. Mais, comme Paul discourait sur la justice, sur la tempérance, et sur le jugement à venir, Félix, effrayé, dit: "Pour le moment retire-toi ; quand j'en trouverai l'occasion, je te rappellerai". Il espérait en même temps que Paul lui donnerait de l'argent ; aussi l'envoyait-il chercher assez fréquemment, pour s'entretenir avec lui» *(Actes 23,34-35; 24,24-27)*.

«(Felix) fragte Paulus, aus welcher Provinz er stammte. Als er hörte, er sei aus Zilizien, sagte der: "Ich werde dich vernehmen, sobald deine Ankläger eingetroffen sind". *(Nachdem er die Anklagen der Juden und die Verteidigung des Paulus gehört hatte)*. Felix aber, der von dem Weg genauere Kenntnis hatte, vertagte ihre Sache und sagte: Wenn Lysias, der Oberste, herabkommt, so will ich eure Sache entscheiden. Und er befahl dem Hauptmann, ihn in Gewahrsam zu halten und ihm Erleichterung zu geben und niemandem von den Seinen zu wehren, ihm zu dienen. Nach einigen Tagen aber kam Felix herbei mit Drusilla, seiner Frau, die eine Jüdin war, und ließ den Paulus holen und hörte ihn über den Glauben an Christus. Als er aber über Gerechtigkeit und Enthaltsamkeit und das kommende Gericht redete, wurde Felix mit Furcht erfüllt und antwortete: "Für jetzt geh hin; wenn ich aber gelegene Zeit habe, werde ich dich rufen lassen". Zugleich hoffte er, daß ihm von Paulus Geld gegeben werde; deshalb ließ er ihn auch öfter holen und unterhielt sich mit ihm. Nach zwei Jahren aber wurde Porzius Festus Nachfolger des Felix; und weil Felix den Juden einen Gefallen erweisen wollte, ließ er Paulus in der Haft zurück» *(Apostelgeschichte 23,34-35; 24,24-27)*.

«Felix pregunto a Pablo de cual provincia fue, y a sabido que era de la Cilicia, dice: " Te oiré cuando estén también presentes tus acusadores..." *(Después de haber escuchado las acusaciones de los judíos y la defensa de Pablo)*, Felix, gobernador romano, que estaba bien informado en lo referente a la nueva doctrina, les rechazo diciendo: "Cuando venga el tribuno Lisias exsaminara el vuestro caso". Y ordenó al centurión de tener a Pablo bajo custodia concediendole una cierta libertad y sin impedir a ninguno de sus amigos de darle asistencia. Algunos días después llegó Félix con su esposa Drusila, que era judía. Mandó llamar a Pablo y lo escuchó hablar acerca de la fe en Cristo Jesús. Al disertar Pablo sobre la justicia, el dominio propio y el juicio venidero, Félix tuvo miedo y le dijo: "¡Basta por ahora! Puedes retirarte. Cuando sea oportuno te mandaré llamar otra vez". Félix también esperaba que Pablo le ofreciera dinero; por eso mandaba llamarlo con frecuencia y conversaba con él» *(Hechos 23,34-35; 24,24-27)*.

AMISSIO . NVLLIVS
ERIT . EX . VOBIS
PRAETERQVAM . NAVIS

Non vi sarà alcuna perdita di vite tra di voi, ma solo della nave (At 27,22)

There will be no loss of life among you, only that of the boat

Aucun de vous n'y laissera la vie, le navire seul sera perdu

Niemand von euch wird sein Leben verlieren, nur das Schiff wird untergehen

Ninguna de vuestras vidas se perderá, solamente la nave

SCACCIONI ACHILLE [35]

28 Naufragio di Paolo a Cauda

Paul's shipwreck in Cauda

Naufrage de Paul à Cauda

Schiffbruch des Paulus auf Kauda

Naufragio de Pablo en Cauda

«Festo volendo fare un favore ai Giudei, si volse a Paolo e disse: "Vuoi andare a Gerusalemme per essere la giudicato di queste cose, davanti a me?". Paolo rispose: "Mi trovo davanti al tribunale di Cesare, qui mi si deve giudicare. Io mi appello a Cesare". Allora Festo, dopo aver conferito con il consiglio, rispose: "Ti sei appellato a Cesare, a Cesare andrai"... (*Così Paolo parte per Roma*)... La nave fu travolta nel turbine e, non potendo più resistere al vento, abbandonati in sua balìa, andavamo alla deriva. Mentre passavamo sotto un isolotto chiamato Càudas, a fatica riuscimmo a padroneggiare la scialuppa; la tirarono a bordo e adoperarono gli attrezzi per fasciare di gòmene la nave. Quindi, per timore di finire incagliati nelle Sirti, calarono il galleggiante e si andava così alla deriva. Sbattuti violentemente dalla tempesta, il giorno seguente cominciarono a gettare a mare il carico; il terzo giorno con le proprie mani buttarono via l'attrezzatura della nave. Da vari giorni non comparivano più né sole, né stelle e la violenta tempesta continuava a infuriare, per cui ogni speranza di salvarci sembrava ormai perduta... Eravamo complessivamente sulla nave duecentosettantasei persone. Quando si furono rifocillati, alleggerirono la nave, gettando il frumento in mare. Fattosi giorno non riuscivano a riconoscere quella terra, ma notarono un'insenatura con spiaggia e decisero, se possibile, di spingere la nave verso di essa... Una volta in salvo, venimmo a sapere che l'isola si chiamava Malta» (*Atti 25,9-12; 27,15-20.37-39; 28,1*).

«Festus, wishing to do the Jews a favour, said to Paul, "Do you wish to go up to Jerusalem, and there be tried on these charges before me?" But Paul said, "I am standing before Caesar's tribunal, where I ought to be tried... I appeal to Caesar. Festus, when he had conferred with his council, answered, "You have appealed to Caesar; to Caesar you shall go"... *(Thus Paul left for Rome)*... The ship was caught by the storm and could not head into the wind; so we gave way to it and were driven along. As we passed to the lee of a small island called Cauda, we were hardly able to make the lifeboat secure. When the men had hoisted it aboard, they passed ropes under the ship itself to hold it together. Fearing that they would run aground on the sandbars of Syrtis, they lowered the sea anchor and let the ship be driven along. We took such a violent battering from the storm that the next day they began to throw the cargo overboard. On the third day, they threw the ship's tackle overboard with their own hands. When neither sun nor stars appeared for many days and the storm continued raging, we finally gave up all hope of being saved. Together there were 276 of us on board. When they had eaten as much as they wanted, they lightened the ship by throwing the grain into the sea. When daylight came, they did not recognize the land, but they saw a bay with a sandy beach, where they decided to run the ship aground if they could. Once safely on shore, we found out that the island was called Malta» *(Acts 25:9-12;27:15-20.37-39;28:1)*.

«Voulant faire plaisir aux Juifs, Festus dit à Paul: "Veux-tu monter à Jérusalem pour y être jugé là-dessus en ma présence?". Mais Paul répliqua: "Je suis devant le tribunal de César ; c'est là que je dois être jugé". Alors Festus, après en avoir conféré avec son conseil, répondit: "Tu en appelles à César, tu iras devant César"… (Ainsi Paul partit pour Rome)… Le navire fut entraîné, sans pouvoir lutter contre le vent, et nous nous laissâmes aller à la dérive. Nous passâmes au-dessous d'une petite île nommée Cauda, et nous eûmes de la peine à nous rendre maîtres de la chaloupe ; après l'avoir hissée, on se servit des moyens de secours pour ceindre le navire, et, dans la crainte de tomber sur la Syrte, on abaissa les voiles. C'est ainsi qu'on se laissa emporter par le vent. Comme nous étions violemment battus par la tempête, le lendemain on jeta la cargaison à la mer, et le troisième jour nous y lançâmes de nos propres mains les agrès du navire. Le soleil et les étoiles ne parurent pas pendant plusieurs jours, et la tempête était si forte que nous perdîmes enfin toute espérance de nous sauver. Nous étions, dans le navire, deux cent soixante-seize personnes en tout. Quand ils eurent mangé suffisamment, ils allégèrent le navire en jetant le blé à la mer. Lorsque le jour fut venu, ils ne reconnurent point la terre ; mais, ayant aperçu un golfe avec une plage, ils résolurent d'y pousser le navire, s'ils le pouvaient. Après nous être sauvés, nous reconnûmes que l'île s'appelait Malte» *(Actes 25,9-12; 27,15-20.37-39; 28,1)*.

«Festus jedoch wollte den Juden einen Gefallen erweisen und antwortete dem Paulus: "Willst du nach Jerusalem hinaufgehen und dich dort unter meinem Vorsitz dieser Sache wegen richten lassen?" Paulus sagte: "Ich stehe vor dem Richterstuhl des Kaisers, und da muss ich gerichtet werden". ... *(So reist Paulus nach Rom ab)* ... Als aber das Schiff mit fortgerissen wurde und dem Wind nicht widerstehen konnte, gaben wir es preis und ließen uns treiben. Als wir aber unter einer kleinen Insel, Kauda genannt, hinliefen, konnten wir kaum des Rettungsbootes mächtig werden. Dieses zogen sie herauf und wandten Hilfsmittel an, indem sie das Schiff umgürteten; und da sie fürchteten, in die Syrte verschlagen zu werden, ließen sie das Takelwerk nieder und trieben so dahin. Da wir aber sehr unter dem Sturm litten, warfen sie am folgenden Tag [Ladung] über Bord; und am dritten Tag warfen sie mit eigenen Händen das Schiffsgerät fort. Da aber viele Tage lang weder Sonne noch Sterne schienen und ein nicht geringes Unwetter [uns] bedrängte, schwand zuletzt alle Hoffnung auf unsere Rettung. Als sie sich aber mit Speise gesättigt hatten, erleichterten sie das Schiff, indem sie das Weizen in das Meer warfen. Als es aber Tag wurde, erkannten sie das Land nicht; sie bemerkten aber eine Bucht, die einen Strand hatte, auf den sie, wenn möglich, das Schiff zu treiben gedachten. Und als wir gerettet waren, da erfuhren wir, daß die Insel Melite heiße» *(Apostelgeschichte 25,9-12; 27,15-20.37-39; 28,1)*.

«Festo, queriendo realizar un favor a los judíos, se vuelve a Pablo y dice: " ¿quieren ir a Jerusalén para ser juzgado de estas cosas, delante de mí? Pablo responde: "Me encuentro adelante del tribunal del Cesar, donde tengo que ser juzgado. "Yo apelo al Cesar". Entonces Festo deliberó con el consejo, y respondió: "Tu haz apelado al Cesar, al Cesar iras". *(Así Pablo parte para Roma)*... El barco quedó atrapado por la tempestad y no podía hacerle frente al viento, así que nos dejamos llevar a la deriva. Mientras pasábamos al abrigo de un islote llamado Cauda, a duras penas pudimos sujetar el bote salvavidas. Después de subirlo a bordo, amarraron con sogas todo el casco del barco para reforzarlo. Temiendo que fueran a encallar en los bancos de arena de la Sirte, echaron el ancla flotante y dejaron el barco a la deriva. Al día siguiente, dado que la tempestad seguía arremetiendo con mucha fuerza contra nosotros, comenzaron a arrojar la carga por la borda. Al tercer día, con sus propias manos arrojaron al mar los aparejos del barco. Como pasaron muchos días sin que aparecieran ni el sol ni las estrellas, y la tempestad seguía arreciando, perdimos al fin toda esperanza de salvarnos. Ya habíamos pasado catorce noches a la deriva por el mar Adriático, cuando a eso de la medianoche los marineros presintieron que se aproximaban a tierra. Echaron la sonda y encontraron que el agua tenía unos treinta y siete metros de profundidad. Más adelante volvieron a echar la sonda y encontraron que tenía cerca de veintisiete metros de profundidad. Temiendo que fuéramos a estrellarnos contra las rocas, echaron cuatro anclas por la popa y se pusieron a rogar que amaneciera. Éramos en total doscientas setenta y seis personas en el barco. Una vez satisfechos, aligeraron el barco echando el trigo al mar. Cuando amaneció, no reconocieron la tierra, pero vieron una bahía que tenía playa, donde decidieron encallar el barco a como diera lugar. Una vez a salvo, nos enteramos de que la isla se llamaba Malta» *(Hechos 25,9-12; 27,15-20.37-39; 28,1)*.

ESCVTIENS . VIPERAM
NIHIL . MALI
PASSVS EST

Scosse la serpe e non ne risentì alcun male (At 28,5)
He shook off the serpent but suffered no ill effects
Il secoua la bête dans le feu et n'en ressentit aucun mal
Er schüttelte das Tier ab und erlitt nichts Schlimmes
Sacudió la serpiente y no sufrió daño alguno

SCACCIONI ACHILLE[36]

29 *Una vipera morde la mano di Paolo*

A viper bites Paul's hand

Une vipère mord la main de Paul

Eine Viper beißt Paulus in die Hand

Una vibora muerde la mano de Pablo

«(A Malta) mentre Paolo raccoglieva un fascio di sarmenti e lo gettava sul fuoco, una vipera, risvegliata dal calore, lo morse a una mano. Al vedere la serpe pendergli dalla mano, gli indigeni dicevano tra loro: "Certamente costui è un assassino, se, anche scampato dal mare, la Giustizia non lo lascia vivere". Ma egli scosse la serpe nel fuoco e non ne patì alcun male. Quella gente si aspettava di veder-lo gonfiare e cadere morto sul colpo, ma, dopo avere molto atteso senza vedere succedergli nulla di straor-dinario, cambiò parere e diceva che era un dio» *(Atti 28,3-6)*.

«(In Malta) Paul gathered a pile of brushwood and, as he put it on the fire, a viper, driven out by the heat, fastened itself on his hand. When the islanders saw the snake hanging from his hand, they said to each other, "This man must be a murderer; for though he escaped from the sea, justice has not allowed him to live". But Paul shook the snake off into the fire and suffered no ill effects. The people expected him to swell up or suddenly fall dead, but after waiting a long time and seeing nothing unusual happen to him, they changed their minds and said he was a god» *(Acts 28:3-6)*.

«(A Malta) Paul ayant ramassé un tas de broussailles et l'ayant mis au feu, une vipère en sortit par l'ef-fet de la chaleur et s'attacha à sa main. Quand les barbares virent l'animal suspendu à sa main, ils se dirent les uns aux autres: "Assurément cet homme est un meurtrier, puisque la Justice n'a pas voulu le laisser vivre, après qu'il a été sauvé de la mer". Paul secoua l'animal dans le feu, et ne ressentit aucun mal. Ces gens s'attendaient à le voir enfler ou tomber mort subitement ; mais, après avoir longtemps attendu, voyant qu'il ne lui arrivait aucun mal, ils changèrent d'avis et dirent que c'était un dieu» *(Actes 28,3-6)*.

« (Auf Malta) als aber Paulus eine Menge Reiser zusammenraffte und auf das Feuer legte, kam infolge der Hitze eine Giftschlange heraus und hängte sich an seine Hand. Als aber die Eingeborenen das Tier an seiner Hand hängen sahen, sagten sie zueinander: "Jedenfalls ist dieser Mensch ein Mörder, den Dike, obschon er aus dem Meer gerettet ist, nicht leben läßt". Er nun schüttelte das Tier in das Feuer ab und erlitt nichts Schlimmes. Sie aber erwarteten, daß er aufschwellen oder plötzlich tot hinfallen werde. Als sie aber lange warteten und sahen, daß ihm nichts Ungewöhnliches geschah, änder-ten sie ihre Meinung und sagten, er sei ein Gott» *(Apostelgeschichte 28,3-6)*.

«(En Malta) sucedió que Pablo recogió un montón de leña y la estaba echando al fuego, cuando una víbora que huía del calor se le prendió en la mano. Al ver la serpiente colgada de la mano de Pablo, los isleños se pusieron a comentar entre sí: "Sin duda este hombre es un asesino, pues aunque se salvó del mar, la justicia divina no va a consentir que siga con vida". Pero Pablo sacudió la mano y la serpiente cayó en el fuego, y él no sufrió ningún daño. La gente esperaba que se hinchara o cayera muerto de repente, pero después de esperar un buen rato y de ver que nada extraño le sucedía, cambiaron de parecer y decían que era un dios» *(Hechos 28,3-6)*.

CVM IMPOSVISSET
MANVS
PATRI PVBLII
SALVAVIT EVM

Impose le mani sul padre di Publio e lo guarì (At 28,8)
He placed his hands on the father of Publius and cured him
Paul imposa les mains sur le père de Publius et le guérit
Er legte dem Vater des Publius die Hände auf und heilte ihn
Impuso las manos sobre el padre de Publio y lo curó

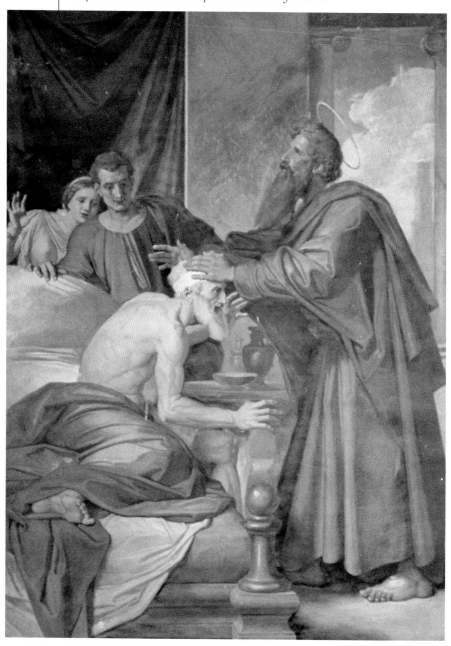

Consoni Nicola[37]

30 Paolo guarisce il padre di Publio, principe di Malta

Paul cures the father of Publius, prince of Malta

Paul guérit le père de Publius, prince de Malte

Paulus heilt den Vater des Publius, Fürst von Malta

Pablo sana al padre de Publio, principe de Malta

«Nelle vicinanze di quel luogo (Malta) c'era un terreno appartenente al "primo" dell'isola, chiamato Publio; questi ci accolse e ci ospitò con benevolenza per tre giorni. Avvenne che il padre di Publio dovette mettersi a letto colpito da febbri e da dissenteria; Paolo l'andò a visitare e dopo aver pregato gli impose le mani e lo guarì. Dopo questo fatto, anche gli altri isolani che avevano malattie accorrevano e venivano sanati; ci colmarono di onori e al momento della partenza ci rifornirono di tutto il necessario» *(Atti 28,7-10)*.

«There was an estate nearby that belonged to Publius, the chief official of the island (Malta). He welcomed us to his home and for three days entertained us hospitably. His father was sick in bed, suffering from fever and dysentery. Paul went in to see him and, after prayer, placed his hands on him and healed him. When this had happened, the rest of the sick on the island came and were cured. They honored us in many ways and when we were ready to sail, they furnished us with the supplies we needed» *(Acts 28:7-10)*.

«Il y avait, dans les environs (Malta), des terres appartenant au principal personnage de l'île, nommé Publius, qui nous reçut et nous logea pendant trois jours de la manière la plus amicale. Le père de Publius était alors au lit, malade de la fièvre et de la dysenterie; Paul, s'étant rendu vers lui, pria, lui imposa les mains, et le guérit. Là-dessus, vinrent les autres malades de l'île, et ils furent guéris. On nous rendit de grands honneurs, et, à notre départ, on nous fournit les choses dont nous avions besoin» *(Actes 28,7-10)*.

«In der Umgebung jenes Ortes (Malta) aber besaß der Erste der Insel, mit Namen Publius, Ländereien; der nahm uns auf und beherbergte uns drei Tage freundlich. Es geschah aber, daß der Vater des Publius, von Fieber und Ruhr befallen, daniederlag. Zu dem ging Paulus hinein, und als er gebetet hatte, legte er ihm die Hände auf und heilte ihn. Als dies aber geschehen war, kamen auch die übrigen auf der Insel, die Krankheiten hatten, herbei und wurden geheilt; diese erwiesen uns auch viele Ehren, und als wir abfuhren, luden sie uns auf, was uns nötig war» *(Apostelgeschichte 28,7-10)*.

«En las cercanías de aquel lugar (Malta) había una finca que pertenecía a Publio, el funcionario principal de la isla. Éste nos recibió en su casa con amabilidad y nos hospedó durante tres días. El padre de Publio estaba en cama, enfermo con fiebre y disentería. Pablo entró a verlo y, después de orar, le impuso las manos y lo sanó. Como consecuencia de esto, los demás enfermos de la isla también acudían y eran sanados. Nos colmaron de muchas atenciones y nos proveyeron de todo lo necesario para el viaje» *(Hechos 28,7-10)*.

OCCVRRERVNT
NOBIS VSQVE
AD FORVM APPII

Ci vennero incontro fino al Foro di Appio (At 28,15)
They came to meet him as far as the Forum of Appius
Ils vinrent à notre rencontre jusqu'au Forum d'Appius
Sie kamen uns bis Appii-Forum entgegen
Salierón al encuentro hasta el foro de Apio

Gavardini Carlo[38]

31 Paolo incontra i cristiani di Roma sulla Via Appia

Paul meets the christians of Rome on the Appian way

Paul rencontre les chrétiens de Rome sur la Via Appia

Paulus trifft die Christen Roms auf der Via Appia

Pablo encuentra a los cristianos de Roma en la calle Apia

«Approdammo a Siracusa, dove rimanemmo tre giorni e di qui, costeggiando, giungemmo a Reggio. Il giorno seguente si levò lo scirocco e così l'indomani arrivammo a Pozzuoli. Qui trovammo alcuni fratelli, i quali ci invitarono a restare con loro una settimana. Partimmo quindi alla volta di Roma. I fratelli di là, avendo avuto notizie di noi, ci vennero incontro fino al Foro di Appio e alle Tre Taverne. Paolo, al vederli, rese grazie a Dio e prese coraggio» (*Atti 28,12-15*).

«We put in at Syracuse and stayed there three days. From there we set sail and arrived at Rhegium. The next day, the south wind came up, and on the following day we reached Puteoli. There we found some brothers who invited us to spend a week with them. And so we came to Rome. The brothers there had heard that we were coming, and they traveled as far as the Forum of Appius and the Three Taverns to meet us. At the sight of these men Paul thanked God and was encouraged. When we got to Rome, Paul was allowed to live by himself, with a soldier to guard him» (*Acts 28:12-15*).

«Ayant abordé à Syracuse, nous y restâmes trois jours. De là, en suivant la côte, nous atteignîmes Reggio; et, le vent du midi s'étant levé le lendemain, nous fîmes en deux jours le trajet jusqu'à Pouzzoles, où nous trouvâmes des frères qui nous prièrent de passer sept jours avec eux. Et c'est ainsi que nous allâmes à Rome. Les frères de Rome vinrent à notre rencontre, jusqu'au Forum d'Appius et aux Trois Tavernes. Paul, en les voyant, rendit grâces à Dieu, et prit courage» (*Actes 28,12-15*).

«Und als wir in Syrakus gelandet waren, blieben wir drei Tage. Von dort fuhren wir in einem Bogen und kamen nach Regium; und da nach einem Tag sich Südwind erhob, kamen wir den zweiten Tag nach Puteoli, wo wir Brüder fanden und gebeten wurden, sieben Tage bei ihnen zu bleiben; und so kamen wir nach Rom. Und von dort kamen die Brüder, als sie von uns gehört hatten, uns bis Appii-Forum und Tres-Tabernae entgegen; und als Paulus sie sah, dankte er Gott und faßte Mut» (*Apostelgeschichte 28,12-15*).

«Hicimos escala en Siracusa, donde nos quedamos tres días. Desde allí navegamos bordeando la costa y llegamos a Regio. Al día siguiente se levantó el viento del sur, y al segundo día llegamos a Puteoli. Allí encontramos a algunos creyentes que nos invitaron a pasar una semana con ellos. Y por fin llegamos a Roma. Los hermanos de Roma, habiéndose enterado de nuestra situación, salieron hasta el Foro de Apio y Tres Tabernas a recibirnos. Al verlos, Pablo dio gracias a Dios y cobró ánimo» (*Hechos 28,12-15*).

DOCENS·QVAE·SVNT
DE·DOMINO
IESV·CHRISTO

Insegnando le cose riguardanti il Signore Gesù Cristo (At 28,31)
Teaching about the Lord Jesus Christ
Enseignant ce qui concerne le Seigneur Jésus-Christ
Er lehrte die Dinge, die den Herrn Jesus betreffen
Enseñando las cosas referente al Señor Jesucristo

Paolo a Roma

Paul in Rome
Paul à Rome
Paulus in Rom
Pablo en Roma

«Arrivati a Roma, fu concesso a Paolo di abitare per suo conto con un soldato di guardia. Dopo tre giorni, egli convocò a sé i più in vista tra i Giudei e venuti che furono, disse loro: "Fratelli, senza aver fatto nulla contro il mio popolo e contro le usanze dei padri, sono stato arrestato a Gerusalemme e consegnato in mano dei Romani. Questi, dopo avermi interrogato, volevano rilasciarmi, non avendo trovato in me alcuna colpa degna di morte. Ma continuando i Giudei ad opporsi, sono stato costretto ad appellarmi a Cesare, senza intendere con questo muovere accuse contro il mio popolo. Ecco perché vi ho chiamati, per vedervi e parlarvi, poiché è a causa della speranza d'Israele che io sono legato da questa catena"... Paolo trascorse due anni interi nella casa che aveva preso a pigione e accoglieva tutti quelli che venivano a lui, annunziando il regno di Dio e insegnando le cose riguardanti il Signore Gesù Cristo, con tutta franchezza e senza impedimento» *(Atti 28,16-20.30-31)*.

GAVARDINI CARLO [39]

«When we got to Rome, Paul was allowed to live by himself, with a soldier to guard him. Three days later he called together the leaders of the Jews. When they had assembled, Paul said to them: "My brothers, although I have done nothing against our people or against the customs of our ancestors, I was arrested in Jerusalem and handed over to the Romans. They examined me and wanted to release me, because I was not guilty of any crime deserving death. But when the Jews objected, I was compelled to appeal to Caesar, not that I had any charge to bring against my own people. For this reason, I have asked to see you and talk with you. It is because of the hope of Israel that I am bound with this chain"... For two whole years Paul stayed there in his own rented house and welcomed all who came to see him taught about the Lord Jesus Christ. Boldly and without hindrance he preached the kingdom of God» *(Acts 28:16-20.30-31)*.

«Lorsque nous fûmes arrivés à Rome, on permit à Paul de demeurer en son particulier, avec un soldat qui le gardait. Au bout de trois jours, Paul convoqua les principaux notables juifs; et, quand ils furent réunis, il leur adressa ces paroles: "Hommes frères, sans avoir rien fait contre le peuple ni contre les coutumes de nos pères, j'ai été mis en prison à Jérusalem et livré de là entre les mains des Romains. Après m'avoir interrogé, ils voulaient me relâcher, parce qu'il n'y avait en moi rien qui méritât la mort. Mais les Juifs s'y opposèrent, et j'ai été forcé d'en appeler à César, n'ayant du reste aucun dessein d'accuser ma nation. Voilà pourquoi j'ai demandé à vous voir et à vous parler; car c'est à cause de l'espérance d'Israël que je porte cette chaîne"... Paul demeura deux ans entiers dans une maison qu'il avait louée. Il recevait tous ceux qui venaient le voir, prêchant le royaume de Dieu et enseignant ce qui concerne le Seigneur Jésus Christ, en toute liberté et sans obstacle» *(Actes 28,16-20.30-31)*.

«Als wir aber nach Rom kamen, wurde dem Paulus erlaubt, mit dem Soldaten, der ihn bewachte, für sich zu bleiben. Es geschah aber nach drei Tagen, daß er die, welche die Ersten der Juden waren, zusammenrief. Als sie aber zusammengekommen waren, sprach er zu ihnen: "Ihr Brüder! Ich, der ich nichts gegen das Volk oder die väterlichen Gebräuche getan habe, bin gefangen aus Jerusalem in die Hände der Römer überliefert worden. Die wollten mich, nachdem sie mich verhört hatten, loslassen, weil keine todeswürdige Schuld an mir war. Als aber die Juden widersprachen, war ich gezwungen, mich auf den Kaiser zu berufen, nicht als hätte ich gegen meine Nation etwas zu klagen. Um dieser Ursache willen nun habe ich euch herbeigerufen, euch zu sehen und zu euch zu reden; denn wegen der Hoffnung Israels trage ich diese Kette"... Er aber blieb zwei ganze Jahre in seiner eigenen Mietwohnung und nahm alle auf, die zu ihm kamen; er predigte das Reich Gottes und lehrte die Dinge, die den Herrn Jesus Christus betreffen, mit aller Freimütigkeit ungehindert» *(Apostelgeschichte 28,16-20.30-31)*.

«Cuando llegamos a Roma, a Pablo se le permitió tener su domicilio particular, con un soldado que lo custodiara. Tres días más tarde, Pablo convocó a los dirigentes de los judíos. Cuando estuvieron reunidos, les dijo: "A mí, hermanos, a pesar de no haber hecho nada contra mi pueblo ni contra las costumbres de nuestros antepasados, me arrestaron en Jerusalén y me entregaron a los romanos. Éstos me interrogaron y quisieron soltarme por no ser yo culpable de ningún delito que mereciera la muerte. Cuando los judíos se opusieron, me vi obligado a apelar al emperador, pero no porque tuviera alguna acusación que presentar contra mi nación. Por este motivo he pedido verlos y hablar con ustedes. Precisamente por la esperanza de Israel estoy encadenado"... Durante dos años completos permaneció Pablo en la casa que tenía alquilada, y recibía a todos los que iban a verlo. Y predicaba el reino de Dios y enseñaba acerca del Señor Jesucristo sin impedimento y sin temor alguno» *(Hechos 28,16-20.30-31)*.

Rapito in paradiso, udì parole indicibili (2 Cor 12,2)
Raised to the heavens, I heard inexpressible words
Ravi jusqu'au paradis, il entendit des paroles ineffables
Ins Paradies entrückt, hörte er unaussprechliche Dinge
Llevado al paraíso, escucho palabras indecibles

Coghetti Francesco[40]

33 Elevazione di Paolo al terzo cielo

Paul is raised to the third heaven

Elévation de Paul au troisième ciel

Erhebung des Paulus in den dritten Himmel

Pablo fue elevado al tercer cielo

«Bisogna vantarsi? Ma ciò non conviene! Pur tuttavia verrò alle visioni e alle rivelazioni del Signore. Conosco un uomo in Cristo che, quattordici anni fa - se con il corpo o fuori del corpo non lo so, lo sa Dio - fu rapito fino al terzo cielo. E so che quest'uomo - se con il corpo o senza corpo non lo so, lo sa Dio - fu rapito in paradiso e udì parole indicibili che non è lecito ad alcuno pronunziare. Di lui io mi vanterò! Di me stesso invece non mi vanterò fuorché delle mie debolezze» *(2 Corinzi 12,1-5).*

«I must go on boasting. Although there is nothing to be gained, I will go on to visions and revelations from the Lord. I know a man in Christ who fourteen years ago was caught up to the third heaven. Whether it was in the body or out of the body I do not know - God knows. And I know that this man - whether in the body or apart from the body I do not know, but God knows - was caught up to paradise. He heard inexpressible things, things that man is not permitted to tell. I will boast about a man like that, but I will not boast about myself, except about my weaknesses» *(2 Corinthians 12,1-5).*

«Il faut se glorifier... Cela n'est pas bon. J'en viendrai néanmoins à des visions et à des révélations du Seigneur. Je connais un homme en Christ, qui fut, il y a quatorze ans, ravi jusqu'au troisième ciel (si ce fut dans son corps je ne sais, si ce fut hors de son corps je ne sais, Dieu le sait). Et je sais que cet homme (si ce fut dans son corps ou sans son corps je ne sais, Dieu le sait) fut enlevé dans le paradis, et qu'il entendit des paroles ineffables qu'il n'est pas permis à un homme d'exprimer. Je me glorifierai d'un tel homme, mais de moi-même je ne me glorifierai pas, sinon de mes infirmités» *(2 Corinthiens 12,1-5).*

«Gerühmt muß werden; zwar nützt es nichts, aber ich will auf Erscheinungen und Offenbarungen des Herrn kommen. Ich weiß von einem Menschen in Christus, daß er vor vierzehn Jahren - ob im Leib, weiß ich nicht, oder außer dem Leib, weiß ich nicht; Gott weiß es -, daß dieser bis in den dritten Himmel entrückt wurde. Und ich weiß von dem betreffenden Menschen - ob im Leib oder außer dem Leib, weiß ich nicht; Gott weiß es -, daß er in das Paradies entrückt wurde und unaussprechliche Worte hörte, die auszusprechen einem Menschen nicht zusteht. Über diesen will ich mich rühmen; über mich selbst aber will ich mich nicht rühmen, nur der Schwachheiten» *(2 Korinther 12,1-5).*

*«Me veo obligado a jactarme, aunque nada se gane con ello. Paso a referirme a las visiones y revelaciones del Señor. Conozco a un seguidor de Cristo que hace catorce años fue llevado al tercer cielo - no sé si en el cuerpo o fuera del cuerpo; Dios lo sabe -. Y sé que este hombre -no sé si en el cuerpo o aparte del cuerpo; Dios lo sabe- fue llevado al paraíso y escuchó cosas indecibles que a los humanos no se nos permite expresar. De tal hombre podría hacer alarde; pero de mí no haré alarde sino de mis debilidades» *(2 Corintios 12,1-5).*

CVSTODES
AD FIDEM CONVERSI
BAPTIZATI SVNT

I custodi si convertirono e furono battezzati
The guards were converted and baptized
Les gardiens se convertirent et furent baptisés
Die Wärter bekehrten sich und wurden getauft
Los custodes se convirtierón y fuerón bautizados

34 Pietro e Paolo nel carcere Mamertino

Peter and Paul in the Mammertine prison
Pierre et Paul à la prison Mamertine
Petrus und Paulus im Mamertino-Gefängnis
Pedro y Pablo en la carcel Marmertino

«L'empissimo Nerone consegnò i beatissimi Apostoli di Cristo Pietro e Paolo al senatore Paolino, che li rinchiuse nel carcere Mamertino. Erano deputati alla custodia dei beatissimi Apostoli molti soldati, tra i quali. ... Processo e Martiniano. Questi, vedendo le meraviglie che il Signore Gesù Cristo operava tramite i suoi beati Apostoli, ammirati dissero loro: "Uomini venerabili, è ormai certo che Nerone si è dimenticato di voi, dal momento che sono già nove mesi che siete in carcere. Così vi preghiamo di andare dovunque vogliate; soltanto, vi chiediamo, battezzateci nel nome di Colui per il quale fate opere meravigliose". I beati Apostoli Pietro e Paolo risposero loro: "Se volete credere con tutto il cuore e l'anima nel nome della Trinità, anche voi potrete fare quello che ci avete visto fare". Allora tutti si gettarono ai piedi degli Apostoli, pregando di ricevere il battesimo da loro. I beatissimi Apostoli pregarono dunque Dio e, al termine della preghiera, il beato Pietro fece il segno di croce sul monte Tarpeo, nella prigione stessa, e in quel momento dal monte fluirono le acque: quindi, i beati Processo e Martiniano furono battezzati dal beato Apostolo Pietro» (*Atti dei martiri Processo e Martiniano,* sec. VI) [42].

COGHETTI FRANCESCO[41]

«The wicked Nero handed over the Blessed Apostles of Christ, Peter and Paul, to Senator Paulinus who put them in the Mammertine prison. Many soldiers were ordered to guard the Blessed Apostles, among them Processus and Martinianus. Marvelling at the wonders which the Lord Jesus Christ worked through his Blessed Apostles, Processus and Martinianus said to Peter and Paul: "Venerable men, by now it is certain that Nero has forgotten about you; it has been nine months since you came to this prison. Leave, therefore, whenever you want; we only ask that you baptize us in the name of him for whom you do these wonderful works". The Blessed Apostles Peter and Paul responded: "If you believe with all your heart and soul in the name of the Trinity, you too can do what we have done...". Then, they threw themselves at the feet of the Apostles, begging to receive baptism from them. The Blessed Apostles prayed to God and, at the end of their prayer, the Blessed Peter made the sign of the cross on the Tarpeian Mount, in the prison itself, and water immediately flowed out: the Blesseds Processus and Martinianus were then baptized by the Blessed Apostle Peter» (*Acts of the Martyrs Processus and Martinianus,* 6th century)[42].

«L'empereur Néron, très impie, remis les bienheureux Apôtres du Christ Pierre et Paul au sénateur Paulinus, qui les fit enfermer à la prison Mamertine. De nombreux soldats étaient chargés de surveiller les bienheureux Apôtres, notamment... Procès et Martinien. Ceux-ci, voyant les merveilles que le Seigneur accomplissait à travers ses bienheureux Apôtres, leur dit, admiratifs: "Hommes vénérables, il est désormais certain que Néron vous a oubliés, puisque voilà déjà neuf mois que vous êtes en prison. Aussi nous vous prions d'aller où vous voulez ; nous vous demandons seulement de nous baptiser au nom de Celui par lequel vous faites des œuvres merveilleuses". Les bienheureux Apôtres Pierre et Paul leur répondirent : "Si vous voulez croire de tout votre cœur et de toute votre âme au nom de la Trinité, vous aussi vous pourrez faire ce que vous nous avez vu faire...". Alors tous se jetèrent aux pieds des Apôtres, les priant de recevoir d'eux le baptême. Les bienheureux Apôtres prièrent donc Dieu et, au terme de la prière, le bienheureux Pierre fit le signe de croix sur le mont Tarpéien, dans la prison elle-même et, à ce moment-là, les eaux coulèrent du mont : alors les bienheureux Procès et Martinien furent baptisés par le bienheureux Apôtre Pierre» (*Actes des martyrs Procès et Martinien,* VIème siècle)[42].

«Der hochmütige Nero lieferte die seligen Apostel Petrus und Paulus dem Senator Paulinus aus, der sie in das Mamertino-Gefängnis warf. Mit der Aufsicht über die seligen Apostel waren viele Soldaten beauftragt, darunter... Prozessus und Martinianus. Als diese sahen welche Wunderwerke der Herr Jesus Christus durch seine seligen Apostel bewirkte, sagten sie voller Bewunderung: "Ehrwürdige Männer, es ist nunmehr sicher, daß Nero euch vergessen hat, nachdem ihr schon neun Monate im Gefängnis seid. Darum bitten wir euch, hinzugehen, wo ihr wollt; nur um eines bitten wir euch, tauft uns im Namen dessen, um dessenwillen ihr solch wundervolle Werke vollbringt". Die seligen Apostel Petrus und Paulus antworteten ihnen: "Wenn ihr von ganzem Herzen und von ganzer Seele im Namen der Dreifaltigkeit glauben wollt, könnt auch ihr all das tun, was ihr uns habt tun sehen". Da warfen sich alle zu Füßen der Apostel, beteten zu Gott und am Ende des Gebets schlug der selige Petrus das Zeichen des Kreuzes auf dem Monte Tarpeo, im Gefängnis selbst, und ab diesem Moment floß Wasser vom Berg. So wurden die seligen Prozessus und Martinianus vom seligen Apostel Petus getauft» (*Geschichte der Märtyrer Prozessus und Martinianus,* 6. Jh.)[42].

«Eran diputados de la custodia de los beatisimos apóstoles muchos soldados entre los cuales... Processo y Martiniano estos viendo las maravillas que el Señor Jesucristo obraba por medio de sus beatos apóstoles, admirado dice a ellos: "hombres venerables, es ya cierto que Nerón sea olvidado de vosotros, del momento que son ya nueve meses que estais en carcel. Así les rogamos de andar donde quieran; solamente, les pedimos, bautizense en el nombre de Aquel por el cual hacen obras maravillosas". Los beatos apóstoles Pedro y Pablo respondieron ellos: si quereis creer con todo el corazón y el alma en el nombre de la Trinidad, también vosotros podreis hacer aquello que no sabeis visto hacer". Ahora todos se arrodillaron a los pies de los Apóstoles, rezando de recibir el bautizo de ellos. Los beatisimos apóstoles rezarón por lo tanto a Dios, al termino de la oración , el beato Pedro hace el signo de la cruz sobre el monte Tarpio, en la prisión misma, en aquel momento del monte corrieron las aguas: entonces los beatos Processo y Martiniano fueron bautizado por el beato apóstol Pedro» (*Hechos de los martires Processo y Martiniano,* siglo VI)[42].

ET COGNOVERVNT
GRATIAM DEI

E conobbero la grazia di Dio
And he knew the grace of God
Ils connurent la grâce de Dieu
Und sie erfuhren die Gnade Gottes
Y conocierón la gracia de Dios

Balbi Filippo[43]

35 L' abbraccio di Pietro e Paolo prima del martirio

Peter and Paul embrace before their martyrdom

L' étreinte de Pierre et de Paul avant leur martyre

Die Umarmung von Petrus und Paulus vor dem Martyrium

El abrazo de Pedro y Pablo antes del martirio

«Alcuni pagani che si erano convertiti ed erano stati battezzati durante la predicazione di Pietro, inviarono a Paolo una lettera di questo tenore: "....Come Dio non separa i due grandi luminari da lui creati, così non vi dividerà l'uno dall'altro, cioè né Pietro da Paolo, né Paolo da Pietro…". *(Ricevuta la lettera, Paolo si mise in viaggio verso Roma)*. Appena fu notificato a Pietro l'arrivo di Paolo a Roma, subito egli s'alzò e andò da lui. Qauando si videro, piansero di gioia e, abbracciatisi a lungo, si bagnarono reciprocamente di lacrime» (*Atti dei Beati Pietro e Paolo* dello Pseudo-Marcello, 5.24)[44].

«Some pagans who were converted and were baptized during the preaching of Peter, sent a letter to Paul in words similar to these: "... As God does not separate the two great luminaries which he created, so neither should one be divided from the other, neither Peter from Paul, nor Paul from Peter..." *(Upon receiving this letter, Paul began his journey towards Rome)*. As soon as Peter came to know of Paul's arrival in Rome, he immediately got up and went to him. In seeing each other, they cried for joy and, with a prolonged embrace, bathed each other with tears» (*Acts of the Blessed Apostles Peter and Paul* by Pseudo-Marcello, 5:24)»[44].

«Certains païens qui s'étaient convertis et avaient été baptisés durant la prédication de Pierre envoyèrent à Paul une lettre de cette teneur: "… Comme Dieu ne sépare pas les deux grands luminaires qu'il a créés, de même il ne divisera pas l'un de l'autre, c'est-à-dire ni Pierre de Paul, ni Paul de Pierre…" *(Ayant reçu cette lettre, Paul se mit en voyage pour Rome)*. Dès que Pierre apprit l'arrivée de Paul à Rome, il se leva immédiatement et alla à lui. Quand ils se virent, ils pleurèrent de joie et, s'étant longuement étreints, ils se mouillèrent mutuellement de larmes" (*Actes des Bienheureux Pierre et Paul* du Pseudo-Marcel, 5.24)[44].

«Einige Heiden, die sich bekehrt hatten und während der Predigt des Petrus getauft worden waren, schickten Paulus einen Brief folgenden Inhalts: "…Wie Gott die beiden Gestirne nicht trennt, die er geschaffen hat, so wird er euch nicht trennen, nicht Petrus von Paulus und nicht Paulus von Petrus…". (Nachdem er den Brief erhalten hatte, begab sich Paulus nach Rom). Kaum hatte Petrus von der Ankunft der Paulus in Rom erfahren, ging er sofort zu ihm. Als sie sich sahen, weinten sie vor Freude und da sie sich lange umarmt hielten, benetzten sie sich gegenseitig mit Tränen». (*Geschichte der Seligen Petrus und Paulus* des Pseudo-Marcellus, 5.24)[44].

«Algunos paganos que se habian convertidos y habian estado bautizados durante la predicación de Pedro, enviarón a Pablo una carta con este tenor: " ...Como Dios nos separa los dos grandes luminaria de él creadas, así no los dividira el uno del otro, osea ni Pedro de Pablo, ni Pablo de Pedro...". *(Recibida la carta Pablo se pone en viaje hacia a Roma)*. A penas fue notificado a Pedro la llegada de Pablo a Roma, inmediatamente se levanto y camino donde él. Cuando se vieron, lloraron de alegria y, se abrazaron largo, se bañaron reciprocamente con lagrimas» (*Hechos de los beatos Pedro y Pablo* de los Pseudo-Marcello, 5.24)[44].

REPOSITA EST
MIHI
CORONA IVSTITIAE

Mi è riservata la corona di giustizia (2 Tm 4,8)
Reserved for me is the crown of justice
La couronne de justice m'est réservée
Der Kranz der Gerechtigkeit liegt für mich bereit
Me es reservada la corona de justicia

BALBI FILIPPO[45]

36 Il martirio di Paolo

The martyrdom of Paul

Le martyre de Paul

Das Martyrium des Paulus

El martirio de Pablo

«Il prefetto Agrippa disse: "Ritengo giusto che a Paolo sia recisa la testa come irreligioso". Nerone rispose: "Hai giudicato egregiamente".… Paolo fu condotto incatenato sul luogo della decapitazione, a tre miglia dalla città... Lo decapitarono presso il fondo delle Acque Salvie *(oggi Tre Fontane)*, vicino all'albero di pino. ... Il corpo del beato Paolo fu posto sulla via Ostiense, al secondo miglio della città... Il cammino dei santi Apostoli Pietro e Paolo ebbe fine il 29 giugno» (*Atti dei Beati Apostoli Pietro e Paolo* dello Pseudo-Marcello, 79-80. 87-88)[46].

«The prefect Agrippa said: "I maintain as just that Paul be beheaded as an enemy of religion". Nero responded: "You have judged rightly" ... Paul was then lead in chains to where he was to be beheaded, three miles outside of the city... They beheaded him at the base of Acquas Salvias *(today know as 'Three Fountains')*, near the pine tree... The body of Blessed Paul was buried on Via Ostiense, two miles outside of the ciy... The earthly journey of Apostles, Saint Peter and Paul, ended on 29 June» (*Acts of the Blessed Apostles Peter and Paul* by Pseudo-Marcello, 79-80. 87-88)[46].

«Le préfet Agrippa dit: "J,estime qu,il est juste que Paul ait la tête tranchée comme irréligieux". Néron répondit: "Tu as bien jugé ...". Paul fut conduit enchaîné sur le lieu de la décapitation à trois milles de la ville. Ils le décapitèrent au lieu-dit des Acque Salvie *(aujourd,hui Tre Fontane ou des Trois-Fontaines)*, près du grand pin. Le corps du bienheureux Paul fut placé sur la via Ostiense, au second mille de la ville. Le chemin des saints Apôtres Pierre et Paul prit fin le 29 juin» (*Actes des Bienheureux Pierre et Paul* du Pseudo-Marcel, 79-80. 87-88)[46].

«Der Präfekt Agrippa sagte: "Ich halte es für richtig, das Paulus der Kopf abgeschlagen wird, da er ungläubig ist". Nero antwortete: "Du hast gut geurteilt"… Und so wurde es bei Acque Salvie *(heute Tre Fontane)*, nahe beim Pinienbaum ausgeführt. ... Der Leichnam des Seligen Paulus wurde auf die Via Ostiense gelegt, auf Höhe der zweiten Meile vor der Stadt... Der Weg der heiligen Apostel Petrus und Paulus endete am 29. Juni» (*Geschichte der Seligen Petrus und Paulus* des Pseudo-Marcellus, 79-80)[46].

«El prefecto Agripa dice: "Considero justo que a Pablo sea cortada la cabeza como ireligioso". Nerón responde: "Haz jusgado egregiaménte"... Y asi fue hecho cerca el fondo de las Acque Salvie aguas de salvia *(hoy Tres Fontanas)*, vecino al arbol de pino... El cuerpo del beato Pablo fue puesto sobre la calle Ostienze, al segundo lugar de la ciudad... El camino de los Santos Apóstoles Pedro y Pablo tuvo su fin el 29 de junio» (*Hechos de los beatos Apóstoles Pedro y Pablo* del Pseudo-Marcello, 79-80.87-88)[46].

Note

Notes
Notes
Anmerkungen
Note

 [1] Ecco il giudizio di un contemporaneo: «Nel corso di tre anni quelli affreschi furono eseguiti da ventidue pittori, i quali rimunerati dalla generosità dell'augusto Sovrano (Pio IX), ebbero un ulteriore nobilissimo guiderdone nel gradimento benignissimamente confermato, ogni qualvolta da Sua Beatitudine venne onorata di Sua Presenza la Basilica Ostiense. Giacchè, qualunque fossero state le osservazioni in arte riguardo ad alcuni di que' dipinti, tutta l'opera però nel suo insieme fu ed è reputata una delle maggiori che a' giorni nostri sia stata condotta in quel modo cotanto encomiato, com'è il dipingere a fresco». *(L. Moreschi, Indicazione dei dipinti a buon fresco rappresentanti le principali geste dell'apostolo San Paolo ed eseguiti nella sua Basilica sulla via Ostiense,* Roma 1867, p. 8).

[1] The following is the judgment of a contemporary: «Over the course of three years those frescoes were done by twenty-two painters, who, after having been generously paid by the great Sovereign, (Pius IX), had another more noble recompense in the most kindhearted gratitude which His Holiness showed each time he honored the Ostiense Basilica with a visit. Whatever art critics might say concerning the paintings individually, the work taken as a whole is reputed to be one of the grandest projects ever undertaken in fresco painting to have been done in such a praiseworthy manner».

[1] Voici le jugement d'un contemporain : «En trois ans ces fresques furent exécutées par vingt-deux peintres qui, rémunérés par la générosité de l'auguste Souverain (Pie IX), eurent une autre très noble récompense dans la satisfaction bienveillante confirmée chaque fois que Sa Béatitude vint honorer la basilique de Sa Présence. Car, quelles que soient les observations artistiques concernant certaines de ces peintures, l'œuvre dans son ensemble est toutefois considérée comme l'une des plus importantes menée jusqu'à nos jours de cette manière tant louée qu'est la peinture en fresques».

[1] So das Urteil eines Zeitgenossen: «Im Lauf von drei Jahren wurden die Fresken von 22 Malern ausgeführt, die von der Großzügigkeit des ehrenwerten Herrschers (Pius IX). entlohnt wurden; und sie erhielten einen weiteren erwürdigen Lohn im wohlwollenden Gefallen Seiner Heiligkeit bei jedem Besuch in der Basilika an der Via Ostiense. Da, gleichgültig welche seine Bemerkungen zu einigen der Gemälde auch gewesen sein mögen, das gesamte Werk doch als eines der besten betrachtet wurde, die bis in die heutigen Tage in jener Weise und mit solchem Ruhm gemacht wurde, wie es das Freskenmalen ist».

[1] He aquí el juicio de un contemporaneo: «En el curso de tres años aquellos frescos fuerón interpretados por veintidos pintores, los cuales remunerados de la generosidad del augusto soberano (Pio IX) tuvierón una enorme recompensa, en el agrado amablemente confirmado, cada vez de su beatitud viene honrada de su presencia la Basilica Ostiense. Ya que cualquiera que fueran estadas las observaciones en arte respecto a algunos cuadros, toda la obra pro en su conjunto fue y es considerada en aquel modo encomendado como es el pintar fresco»

[2] S. GREGORIUS NYSSENUS, *Oratio laudatoria sancti ac magni martyris Theodori*; PG 46, 737 D.

[3] S. GREGORIUS MAGNUS, *Epistolarum liber XI, epist. XIII (Ad Serenum Massiliensem episcopum)*; PL 77, 1128 C.

[4] S. JOANNES DAMASCENUS, *De imaginibus oratio I*, 17; PG 94, 1248 C.

[5] S. JOANNES DAMASCENUS, *De imaginibus oratio I*, 21; PG 94, 1252 D.

[6] S. JOANNES DAMASCENUS, *De imaginibus oratio I*, 27; PG 94, 1268 B.

[7] S. NICEPHORUS, *Antirrethicus III*, 3; PG 100, 381 A.

[8] GAGLIARDI PIETRO (1809-1890). *Le sue opere principali si trovano nei seguenti luoghi - his principal works are found in the following places - ses principales œuvres se trouvent dans les endroits suivants - seine wichtigsten Werke finden sich an folgenden Orten - sus obras principales se encuentran en los siguientes lugares:*
Roma (S. Girolamo degli Schiavoni, Sant'Agostino, S. Spirito dei Napoletani, S. Agnese, Ss. Quirico e Giulitta, S. Maria in Acquiro), Frascati, (Palazzo Aldobrandini), Castelgandolfo (Villa Torlonia).

[9] GAGLIARDI PIETRO, cf. nota precedente - preceding note - note précédente - vorherige Anm. - nota precedente.

[10] PODESTI FRANCESCO (1800-1895). *Le sue opere principali si trovano nei seguenti luoghi - his principal works are found in the following places - ses principales œuvres se trouvent dans les endroits suivants - seine wichtigsten Werke finden sich an folgenden Orten - sus obras principales se encuentran en los siguientes lugares:*
Vaticano (Sala della Concezione), Ancona (Duomo).

[11] PODESTI FRANCESCO, cf. nota precedente - preceding note - note précédente - vorherige Anm. - nota precedente.

[12] DE SANCTIS GUGLIELMO (1829-1911). *Le sue opere principali si trovano nei seguenti luoghi - his principal works are found in the following places - ses principales œuvres se trouvent dans les endroits suivants - seine wichtigsten Werke finden sich an folgenden Orten - sus obras principales se encuentran en los siguientes lugares:*
Roma (Santissima Trinità in Montecitorio, Palazzo Braschi, Ospedale Santo Spirito, Ospedale Fatebenefratelli, Collegio Leoniano), Firenze (Ospedale degli Innocenti).

[13] DE SANCTIS GUGLIELMO, cf. nota precedente - preceding note - note précédente - vorherige Anm. - nota precedente.

[14] CONSONI NICOLA (1814-1884). *Le sue opere principali si trovano nei seguenti luoghi - his principal works are found in the following places - ses principales œuvres se trouvent dans les endroits suivants - seine wichtigsten Werke finden sich an folgenden Orten - sus obras principales se encuentran en los siguientes lugares:*
Roma (S. Giovanni in Laterano), Vaticano (Loggia Pio IX, Biblioteca Vaticana).

[15] MARIANI CESARE (1826-1901). *Le sue opere principali si trovano nei seguenti luoghi - his principal works are found in the following places - ses principales œuvres se trouvent dans les endroits suivants - seine wichtigsten Werke finden sich an folgenden Orten - sus obras principales se encuentran en los siguientes lugares:*
Roma (S. Antonio, S. Giuseppe dei Falegnami, S. Lorenzo in Lucina, S. Lucia del Gonfalone, S. Maria in Aquiro, S. Maria in Monticelli, S. Omobono), Ascoli Piceno (Duomo).

[16] MARIANI CESARE, cf. nota precedente - preceding note - note précédente - vorherige Anm. - nota precedente.

[17] MARIANI CESARE, cf nota 15, note 15, note 15, Anm. 15, nota 15.

[18] MARIANI CESARE, cf nota 15, note 15, note 15, Anm. 15, nota 15.

[19] COCHETTI LUIGI (1802-1884). *Le sue opere principali si trovano nei seguenti luoghi - his principal works are found in the following places - ses principales œuvres se trouvent dans les endroits suivants - seine wichtigsten Werke finden sich an folgenden Orten - sus obras principales se encuentran en los siguientes lugares:*
Roma (S. Lorenzo fuori le mura, S. Maria in trastevere), Fermo (Teatro dell'Aquila).

[20] COCHETTI LUIGI, cf. nota precedente - preceding note - note précédente - vorherige Anm. - nota precedente.

[21] MORANI VINCENZO (1809-1870). *Le sue opere principali si trovano nei seguenti luoghi - his principal works are found in the following places - ses principales œuvres se trouvent dans les endroits suivants - seine wichtigsten Werke finden sich an folgenden Orten - sus obras principales se encuentran en los siguientes lugares:*
Castelgandolfo (Palazzo Torlonia), Cava dei Tirreni (S. Trinità).

[22] SERENI GIUSEPPE. *Le sue opere principali si trovano nei seguenti luoghi - his principal works are found in the following places - ses principales œuvres se trouvent dans les endroits suivants - seine wichtigsten Werke finden sich an folgenden Orten - sus obras principales se encuentran en los siguientes lugares:*
Roma (S. Silvestro in Capite, S. Gregorio ai Quattro Capi).

[23] PIANELLO GIOVANNI BATTISTA (1812-1866). *Le sue opere principali si trovano nei seguenti luoghi - his principal works are found in the following places - ses principales œuvres se trouvent dans les endroits suivants - seine wichtigsten Werke finden sich an folgenden Orten - sus obras principales se encuentran en los siguientes lugares:*
Chiavari (Duomo, S. Maria dell'orto), Sestri (S. Stefano).

[24] TOJETTI DOMENICO (1831-1901). *Le sue opere principali si trovano nei seguenti luoghi - his principal works are found in the following places - ses principales œuvres se trouvent dans les endroits suivants - seine wichtigsten Werke finden sich an folgenden Orten - sus obras principales se encuentran en los siguientes lugares:*
Roma (S.Agnese), Velletri (Duomo), Frascati (S. Pietro).

[25] DE ROSSI CASIMIRO. *Le sue opere principali si trovano nei seguenti luoghi - his principal works are found in the following places - ses principales œuvres se trouvent dans les endroits suivants - seine wichtigsten Werke finden sich an folgenden Orten - sus obras principales se encuentran en los siguientes lugares:*
Roma (S. Maria del popolo).

[26] CARTA NATALE (1790-1884). *Le sue opere principali si trovano nei seguenti luoghi - his principal works are found in the following places - ses principales œuvres se trouvent dans les endroits suivants - seine wichtigsten Werke finden sich an folgenden Orten - sus obras principales se encuentran en los siguientes lugares:*
Roma (S. Maria d'Itria, S. Andrea delle Fratte), Napoli (S. Francesco a Ripa), Palermo (Museo nazionale), Trapani (Museo).

[27] SOZZI MARCELLO. *Le sue opere principali si trovano nei seguenti luoghi - his principal works are found in the following places - ses principales œuvres se trouvent dans les endroits suivants - seine wichtigsten Werke finden sich an folgenden Orten - sus obras principales se encuentran en los siguientes lugares:*
Roma (S. Francesco a Ripa, S. Giovanni Calidita, S. Maria in Portico in Campitelli, S. Maria in Trastevere).

[28] BOMPIANI ROBERTO (1821-1908). *Le sue opere principali si trovano nei seguenti luoghi - his principal works are found in the following places - ses principales œuvres se trouvent dans les endroits suivants - seine wichtigsten Werke finden sich an folgenden Orten - sus obras principales se encuentran en los siguientes lugares:*
Roma (S. Lorenzo in Lucina, S. Maria in Trastevere).

[29] DIES CESARE (1830-1909). *Le sue opere principali si trovano nei seguenti luoghi - his principal works are found in the following places - ses principales œuvres se trouvent dans les endroits suivants - seine wichtigsten Werke finden sich an folgenden Orten - sus obras principales se encuentran en los siguientes lugares:*
Frascati (S. Pietro), Tivoli (S. Vincenzo), Nettuno (S. Giovanni).

[30] GRANDI FRANCESCO (1831-1891). *Le sue opere principali si trovano nei seguenti luoghi - his principal works are found in the following places - ses principales œuvres se trouvent dans les endroits suivants - seine wichtigsten Werke finden sich an folgenden Orten - sus obras principales se encuentran en los siguientes lugares:*
Roma (S. Giovanni in Laterano, S. Maria in Aquiro, S. Lorenzo fuori le mura), Vercelli (S. Eusebio).

[31] GRANDI FRANCESCO, cf. nota precedente - preceding note - note précédente - vorherige Anm. - nota precedente.

[32] CARTA NATALE, cf nota 26, note 26, note 26, Anm. 26, nota 26.

[33] BARTOLINI DOMENICO. *Le sue opere principali si trovano nei seguenti luoghi - his principal works are found in the following places - ses principales œuvres se trouvent dans les endroits suivants - seine wichtigsten Werke finden sich an folgenden Orten - sus obras principales se encuentran en los siguientes lugares:*
Roma (S. Andrea delle Fratte, S. Chiara, S. Isidoro, S. Maria dell'Umiltà, S. Nicola dei Prefetti), Rieti (Cattedrale).

[34] BARTOLINI DOMENICO, cf. nota precedente - preceding note - note précédente - vorherige Anm. - nota precedente.

[35] SCACCIONI ACHILLE. *Le sue opere principali si trovano nei seguenti luoghi - his principal works are found in the following places - ses principales œuvres se trouvent dans les endroits suivants - seine wichtigsten Werke finden sich an folgenden Orten - sus obras principales se encuentran en los siguientes lugares:*
Roma (S.Maria in Trastevere, S. Rocco).

[36] SCACCIONI ACHILLE, cf. nota precedente - preceding note - note précédente - vorherige Anm. - nota precedente.

[37] CONSONI NICOLA, cf nota 14, note 14, note 14, Anm. 14, nota 14.

[38] GAVARDINI CARLO (1811-1869). *Le sue opere principali si trovano nei seguenti luoghi - his principal works are found in the following places - ses principales œuvres se trouvent dans les endroits suivants - seine wichtigsten Werke finden sich an folgenden Orten - sus obras principales se encuentran en los siguientes lugares:*
Roma (S. Maria sopra Minerva, S. Maria in Aquiro), Velletri (S. Martino in Tours), Viterbo (S. Bonifacio, S. Alessio, S. Maria della Quercia).

[39] GAVARDINI CARLO, cf. nota precedente - preceding note - note précédente - vorherige Anm. -nota precedente.

[40] COGHETTI FRANCESCO (1802-1875). *Le sue opere principali si trovano nei seguenti luoghi - his principal works are found in the following places - ses principales œuvres se trouvent dans les endroits suivants - seine wichtigsten Werke finden sich an folgenden Orten - sus obras principales se encuentran en los siguientes lugares:*
Roma (Villa Torlonia), Castelgandolfo (Villa Torlonia), Bergamo (Duomo, S. Michele dell'Arco, Cappella S. Croce), Savona (Cattedrale), Porto Maurizio (Cattedrale).

[41] COGHETTI FRANCESCO, cf. nota precedente - preceding note - note précédente - vorherige Anm. - nota precedente.

[42] Cf. *Acta Sanctorum, Iulii: die II, 270 B-C.*

[43] BALBI FILIPPO (1806-1890). *Le sue opere principali si trovano nei seguenti luoghi - his principal works are found in the following places - ses principales œuvres se trouvent dans les endroits suivants - seine wichtigsten Werke finden sich an folgenden Orten - sus obras principales se encuentran en los siguientes lugares:*
Roma (S. Onofrio, Ss. Giovanni e Paolo, Cappella dei Certosini a Torpignattara), Trisulti (Certosa), Firenze (Galleria degli Uffizi).

[44] Cfr. L. MORALDI, *Tutti gli Apocrifi del Nuovo Testamento. Atti degli Apostoli*, Piemme, Casale Monferrato 1994, pp. 118 e 121.

Gli *Atti dei Beati Pietro e Paolo* dello Pseudo Marcello, scritti in greco in Asia Minore intorno agli anni 200-210 d. C., appartengono ai libri apocrifi della letteratura cristiana (Vangeli, Atti degli Apostoli, Lettere degli Apostoli, Apocalissi), che nascono dal vivo desiderio delle prime comunità cristiane di voler sapere qualcosa in più sulla vita di Gesù, Maria e gli Apostoli di quanto non venga narrato nel Nuovo Testamento. I libri apocrifi, per il loro contenuto fantastico e per la presenza di alcune eresie, non sono mai stati usati nel culto e nella teologia e non sono stati accolti nel "canone" della Sacra Scrittura, ossia non sono stati riconosciuti dalla Chiesa come libri ispirati, nonostante la loro origine cristiana antica. Tuttavia, i libri apocrifi sono "testimoni preziosi dei sogni, speranze, timori di coloro che li hanno scritti, e del loro ambiente. Rivelano ciò che potevano ammettere i cristiani delle prime generazioni, ciò che li interessava, ciò che ammiravano, l'ideale che perseguivano in questa vita e quello che avrebbero voluto far emergere dal testo" (L. Moraldi, *op. cit.*, p. 30).

The *Acts of the Blessed Apostles Peter and Paul* by Pseudo-Marcello, written in Greek in Asia Minor in approximately 200-210 A.D., belong to the apocryphal books of Christian literature (various Gospels, Acts of the Apostles, Letters of the Apostles, Apocalypse), which were born from the primitive Christian community's urgent desire to know more about the life of Christ, Mary and the Apostles not contained in the New Testament. The apocryphal books, because of their highly imaginative and sometimes heretical contents, have never been used in worship and theology and are not accepted as part of the approved "canon" of Sacred Writings. Nor are they recognized by the Church as inspired books, notwithstanding their ancient Christian origin. Nevertheless, the apocryphal books are "a precious witness of the dreams, hopes and fears of those who wrote them and the situations in which they lived. They reveal what the first generations of Christians wanted to say, what interested them, what they hoped for, the ideal they followed in this life and the message they wanted to communicate in textual form".

Les *Actes des Bienheureux Pierre et Paul* du Pseudo Marcel, écrits en grec en Asie mineure vers les années 200-210 ap. J.-C., appartiennent aux livres apocryphes de la littérature chrétienne (Evangiles, Actes des Apôtres, Lettre des Apôtres, Apocalypse), qui naissent du désir ardent des premières communautés chrétiennes de vouloir en savoir davantage sur la vie de Jésus, de Marie et des Apôtres, que ce qui est écrit dans le Nouveau Testament. Les livres apocryphes, en raison de leur contenu fantastique et de la présence de certaines hérésies, n'ont jamais été utilisés pour le culte et en théologie ; ils n'ont pas non plus été insérés dans le "canon" de l'Ecriture Sainte, c'est-à-dire qu'ils n'ont pas été reconnus par l'Eglise comme étant des livres inspirés, en dépit de leurs origines chrétiennes antiques. Toutefois, les livres apocryphes sont des "témoins précieux des rêves, des espérances, des craintes de ceux qui les ont écrits et de leur environnement. Ils révèlent ce que pouvaient admettre les chrétiens des premières générations, ce qui les intéressaient, ce qu'ils admiraient, l'idéal qu'ils poursuivaient en cette vie et ce qu'ils auraient voulu faire ressortir du texte".

Die *Geschichte der Seligen Petrus und Paulus* des Pseudo-Marcellus, geschrieben um 200-210 v.C. in griechisch in Kleinasien, gehört zu den apokryphen Büchern der christlichen Literatur (Evangelien, Apostelgeschichte, Apostelbriefe, Apokalypse), die aus dem lebendigen Wunsch der ersten christlichen Gemeinschaften entstanden sind, etwas mehr über das Leben Jesu, Marias und der Apostel zu erfahren, als das, was im Neuen Testament berichtet wird. Die apokryphen Bücher sind aufgrund ihres phantastischen Inhalts und aufgrund einiger in ihnen enthaltener Häresien niemals im Kult und in der Theologie verwendet worden und auch nicht im "Kanon" der Heiligen Schrift aufgenommen worden; d.h. sie sind trotz ihres frühchristlichen Ursprungs von der Kirche nie als inspirierte Bücher akzeptiert worden. Trotz allem sind die apokryphen Bücher "wertvolle Zeugnisse der Träume, Hoffnungen und Befürchtungen derjenigen, die sie geschrieben haben und ihrer Zeitgenossen. Sie enthüllen, was die Christen der ersten Generationen zugaben, was sie interessierte, was sie bewunderten, das Ideal, dem sie in diesem Leben folgten und das sie aus dem Text hervorkommen lassen wollten".

Los *Hechos de los beatos Pedro y Pablo* del Pseudo Marcello, escritos en greco en Asia Menor entorno a los años 200-210 d.C., pertenecen a los libros apocrifos de la literatura cristiana (Evangelio, Hechos de los apóstoles, Cartas de los Apóstoles y la Apocalipsis) que esconde el vivo desiderio de las primeras comunidades cristianas de saber alguna cosa más sobre la vida de Jesús, Maria y de los Apóstoles de los que no vienen narrados en el Nuevo Testamento. Los libros apocrifos, por su contenido fantástico y por la presencia de algunas herejias, no son usados en el culto , y en teologia y no han estado ocultos en los "canone" de la Sagrada Escritura, osea no están reconocidos de la Iglesia como libros inspirados, a pesar del origen cristiano antiguo. Todavia, los libros aprocrifos son " testimonios preciosos de sueños, esperanzas, temor de aquellos que lo han escrito y de su ambiente. Revelan aquello que podian admitir los cristianos de las primeras generaciones, aquello que le interesaba y admiraban, los ideales que perseguian en esta vida y aquello que habian querido salir emerger del texto".

[45] BALBI FILIPPO, cf. nota 43, note 43, note 43, Anm. 43, nota 43.

[46] Cfr. L. MORALDI, *op. cit.*, p. 132.

Indice

Index
Index
Inhalt
Indice